Duelo sin brújula

Carme López Mercader

Duelo sin brújula

Reino de Redonda

Los beneficios de este libro se destinarán íntegramente a la Fundación Javier Marías para la investigación del impacto neurológico del SDRA

Distribución: Penguin Random House S.A.U.
Travessera de Gràcia, 47-49
08021 Barcelona

Primera edición: septiembre 2024
ISBN: 978-84-125917-2-9
Depósito Legal M-10870-2024

Composición: Fotocomposición gama, sl
Impresión: thau, sl
Maria Calvet, 11
08790 Gelida, Barcelona

Encargada de la edición: Carme López
Diseño de la cubierta:
Reino de Redonda, S. L., inspirado en la primera edición inglesa (1908) de la novela
The Lost Viol, de M P Shiel

Índice

Nota previa

Este pequeño libro es lo último que se va a publicar en la editorial Reino de Redonda, creada por Javier Marías, con quien compartí este proyecto y con quien compartí la vida.

Como ya he explicado alguna vez, era él quien decidía los títulos que iban a formar parte de nuestro catálogo. Aunque los comentase conmigo, o de común acuerdo buscásemos o descartásemos algunos, las ideas eran suyas, que sabía lo que quería rescatar o mantener vivo o dar a conocer, mientras que mi tarea era convertir esos libros en objetos materiales y hacer que tuviesen una vida pública. Una tarea sustituible, a diferencia de la de Javier, que ahora nadie puede continuar.

Acabo de sacar en dos volúmenes el texto de Rebecca West, *Cordero negro y halcón gris*, que era el último que teníamos contratado, y, aunque mi idea era mantener el fondo disponible, reeditando lo que se fuese agotando, por razones económicas eso no va a poder ser. Es fácil ver por las características de los libros que su coste no es barato, de manera que continuaré hasta donde den de sí los ingresos percibidos por las ventas, es decir, seguiré reeditando mientras haya con qué hacerlo, y luego tendré que cerrar.

Tras ver la magnífica serie sobre los Borgia –no la de Neil Jordan, sino la creada por Tom Fontana y dirigida por Oliver Hirschbiegel–, Javier y yo nos fijamos en un personaje central, aunque siempre en segundo plano, Johann Burchard, el maestro de ceremonias del papa Alejandro (así como de otros Papas), de cuyas anotaciones proviene casi todo lo que se sabe sobre la famosa familia valenciana, y nos planteamos contratar el libro que recoge esos escritos.

Habría sido el siguiente título, pero su enfermedad se nos echó encima y no lo llegamos a hacer, así que aquí dejo la idea por si a alguien le interesa y quiere coger el testigo. El libro, traducido al inglés, se llama *At the Court of the Borgia* y no es difícil de conseguir.

Duelo sin brújula, aunque salga en Redonda, no es propiamente un libro de la colección. No es ni siquiera un libro, sino una reflexión sobre el duelo y especialmente sobre mi duelo por Javier.

Gente considerada y entendida me ha desaconsejado la publicación en este sello por las posibles críticas que pueda recibir. Pero yo no me voy a enterar de esas críticas. Vivo ya muy aislada de este sector que era el nuestro.

Lo publico en Reino de Redonda porque era nuestra editorial y precisamente por ello me parece el lugar idóneo para hacerlo.

Se trata de una autoedición, cuyos ingresos, como consta en la página de créditos, serán para la fundación con el nombre de Javier que mis hijos y yo hemos constituido.

Así pues, para terminar, ahora que uno de los dos ya no está en este proyecto que era de ambos, al otro no le queda más que despedirse.

Gracias a todos por acompañarnos durante estos años.

A los lectores, por su complicidad, su atención y sus compras, haciendo posible con ellas la continuidad de la editorial.

A los amigos y conocidos que han querido participar generosamente en el juego escribiendo prólogos o aportando datos, muy especialmente a Antonio Iriarte, nuestro estrecho colaborador, traductor, lector y documentalista, sin el cual todo habría sido mucho más difícil, por no decir imposible.

A los responsables de Comunicación de Penguin Random House, a los integrantes de la red comercial y a las empresas de artes gráficas que con tanto esmero han convertido los libros en realidad.

A los libreros que han ayudado a hacerlos visibles.

A la agencia Casanovas & Lynch por su trabajo para nuestra editorial por amor al arte.

A los autores y periodistas culturales que han dado eco a nuestras publicaciones.

Y a Montse Vega, Reyes Pinzás e Inés Blanca, que, por amistad, han hecho lo mismo desde la web y el blog no oficiales de Javier en diferentes épocas.

Duelo sin brújula

Para mis queridas Raquel, Ruth y Marisa
Y para sus queridos ausentes,
Rafa, Alejandro y Rafael

Y muy especialmente para ti, mi bien

Aunque tenemos una gran capacidad innata para establecer vínculos, no hay nada en nuestra biología que nos ayude a lidiar con la ruptura de éstos, lo que significa que el duelo es algo que tenemos que aprender por experiencia propia.

La mente bien ajardinada,
SUE STUART-SMITH, psiquiatra

Comienzo

Primero llega la muerte y después el duelo, la desolación infinita.

Casi siempre acompañada de dolor, así como de la pena y la tristeza más absolutas, de desconcierto, incredulidad, consejos y opiniones. También de intentos de consuelo, sin excepción destinados al fracaso.

Nada nos prepara para la pérdida, menos aún para una devastadora, por más que la razón nos diga que es una posibilidad. Y la realidad es que, si llega, no sabemos cómo enfrentarla.

No hablo ya de esa avalancha de decisiones sobre féretros o urnas, flores, sepulcros, sepelios, trámites que se nos echa encima en cuanto se produce el fallecimiento, en medio de nuestra alienación y muchas veces de nuestro agotamiento, físico y emocional, tras el tiempo de agonía de quien se nos ha muerto. Hablo de cómo volver a transitar por la vida después de la conmoción y los días de gracia. Éstos sólo si hay suerte, porque no es algo con lo que todos podamos contar.

Terra incognita, así es como se denominaban en los mapas antiguos los territorios desconocidos, que, por serlo, los cartógrafos llenaban de seres imaginarios. «Más allá hay dragones», advertían. Es decir, monstruos.

En la *terra incognita* del duelo también nos los vamos a encontrar. A veces los que surgen de nosotros mismos y otras llegados de lugares extraños e insospechados. Pero a todos nos vamos a tener que enfrentar solos, sin mapa, y, a diferencia de lo que Javier, mi marido, decía que guiaba su escritura, también sin brújula.

Porque una de las muchas cosas malas que enseguida vamos a descubrir del duelo es que se trata de un desierto sin puntos de referencia que nadie puede recorrer por nosotros y sólo a duras penas con nosotros.

Y cuando al cabo de los días recuperemos algo del intelecto que se nos ha escurrido con el mazazo y el dolor, se nos va a revelar otra cosa asimismo desconcertante: que, en adelante, en esa existencia vaciada van a convivir dos realidades, la nuestra, la de los que hemos sufrido directamente la muerte de nuestro muerto, y la de todos los demás.

Separados por un abismo que parece imposible de salvar.

Dolor

No esperaba que fuese a ser fácil, en eso no me engañé ni un minuto, pero tampoco que el dolor fuese a ser tan feroz. Que me fuera a embargar por completo hasta el punto de casi impedirme pensar.

Dolor en estado puro, y completamente inútil, porque, por más que se lo experimente, sentirlo nunca conseguirá borrar la causa. Y aunque algunos poetas han sabido reflejarlo muy bien en palabras, no es un dolor para nada literario, sino más bien primario y animalesco, uno que con su mero existir le arrebata cualquier pequeño espacio a la razón.

Es un dolor que te saca del mundo y te quita la mayor parte de los sentidos con los que, en condiciones normales, te relacionas con él. Te deja sordo, mudo, a menudo ciego, impidiéndote ver nada de lo que te rodea.

Coloca una gruesa escafandra alrededor de

tu cabeza y otra alrededor de tu corazón, que hacen que todo se difumine y, aún más que eso, que de cabo a rabo, de arriba abajo, de dentro a fuera y viceversa nada te importe nada.

Aunque poco a poco nos vayamos incorporando a la cotidianidad, trabajando, hablando, y a quienes no sepan de nuestra desgracia les parezcamos «normales», hay algo que no ven, ni los de cerca ni los de lejos, y es a los dos muertos que llevamos dentro. Al que ha muerto de verdad y a nosotros, cadáveres junto con ellos.

Ese dolor tiene asimismo una manifestación física, un peso que roza lo inasumible y que te cae encima en el mismo momento de la muerte. A veces consigues arrastrarlo, otras te aplasta y algunas lo llevas a cuestas mientras te ves obligado a escalar tu propio Everest, así como el que en ocasiones otros colocan en tu camino.

Y no hay de dónde sacar fuerzas para eso, nuestros recursos cada vez más menguados. Quizá por esa razón los dolientes caminamos despacio y casi arrastrando los pies.

Pienso en lo que diría Javier si me viese ahora, cargando con ese quintal y moviéndome sin energía, sin mi paso rápido del que se reía.

«Siempre te imagino caminando con tu tiqui ti-qui», así lo llamaba.

Mi tiqui tiqui ha desaparecido, no sé si para siempre, y mi edad se ha doblado en un solo día.

Los de fuera –y hasta hace poco yo también estaba ahí– ese sufrimiento lo perciben estereotipado, categorizado y casi caricaturizado. Se te supone. Registrado queda. Pero que lo sientas no te excusa de comportarte como debes, es decir, como si no hubiese pasado nada, de reincorporarte a la existencia sin cicatrices visibles ni flecos colgando. Es la vida, ¿no? Desgracias tenemos todos.

Pienso mucho en los dolientes que he conocido y que en mis actuales circunstancias adquieren otra dimensión. Debo confesar que antes de esto sólo tenían una, sobre todo las viudas, una plana y sin apenas consistencia.

Para mí eran sólo mujeres tristes a las que se les saltaban las lágrimas de manera intempestiva. «Ay, mi Tal», decían a veces algunas, incomodando con su tristeza a todo el mundo.

Ahora entiendo que tenían su propio curso de pensamiento subterráneo en medio de la normalidad que discurría a su alrededor.

Y la verdad es que a nadie nos importaba mucho lo que estaban sintiendo.

Y es lógico. No cabe esperar que todo se detenga por la muerte de un marido o de una mujer. Es muy penoso, sí, pero hay que seguir funcionando.

Ese es el mantra supremo: «Hay que continuar», pese a la aflicción insoportable, pese a la cabeza cada vez más ida.

Porque eso de que «la vida sigue» no es una observación o un deseo, sino una inexorabilidad y un mandato.

Los primeros días, muchos días –tantos que a veces se convierten en muchos meses–, piensas en bucle, sin dar crédito, con la mente colonizada por esa catástrofe tan absoluta y terrible que para ti siempre es como si acabara de suceder. «Está muerto», te repites horrorizada, intentando entender que es verdad.

Aunque te cueste asimilar que la vida fuese tan en serio.

Ese bucle a menudo se presenta acompañado de días temáticos que nos llenan de angustia, como los de la Culpabilidad y el Remordimiento. «¿Se podría haber hecho más? ¿Me tendría que haber dado cuenta? Ojalá no hubiese dicho tal cosa o no hubiese ido a tal sitio y así aprovechar para estar juntos, quedándonos ya tan poco como nos quedaba.»

Pero nunca sabemos lo que va a suceder ni qué día va a ser el último.

La historia está acabada, te dices, y en adelante tendrás que vivir con lo bueno y con lo malo que haya quedado, porque lo que está vivido, vivido está, y ya nada se puede hacer para cambiarlo.

Y con esa constatación avanzas hacia el vacío y hacia esa nada que va a ser tu mundo sin él.

Robótica

En alguna parte he leído u oído que es bueno mover las manos para que el cerebro no siga cavilando.

No puedo decir si eso es o no verdad, porque yo las manos las muevo todo el día, no paro de hacer cosas, y en cambio me parece que mi cerebro va por libre, sin contar con ellas en absoluto.

No tienes ganas de hacer nada y cuando te obligas a algo, leer, por ejemplo, empiezas y ya no te apetece. Te pones una película –procurando que no sea una que has visto con él, o una serie que empezasteis juntos y que se ha quedado a medias ya para siempre–, comienzas y te harta o te irrita –ahora tienes menos paciencia para los fallos–, o bien te deprime. Trabajas como una completa autómata, sin poner apenas nada de conciencia en la tarea. Escribes y te cansas de ti misma. Sales a la calle y miras a las parejas deseando que el muerto fuera aquel hombre en lugar del tuyo.

Tener el cerebro frito, así llamaba Javier el estado en que llegábamos al verano, cansados del curso que se acababa, y así lo tienes durante el duelo, aunque en este caso sin saber si es verano o invierno, porque en tu burbuja esas cosas no entran.

«¿Cómo pude funcionar durante su largo tiempo de hospitalización?», te preguntas y te preguntan. Primero y principal, porque entonces no estaba todo terminado y aún cabía la esperanza, aunque fuese una esperanza cada día más débil. Y luego, porque los seres humanos somos sorprendentes, incluso para nosotros mismos.

En mi caso, cuando yo más lo necesitaba, dentro de mí apareció un ente robótico que me fagocitó, convirtiéndome justo en lo que me hacía falta ser en ese momento. Alguien que comía cuando tenía que comer, dormía cuando tenía que dormir (con ayuda farmacológica, lo reconozco) y, en general, hacía todo lo que tenía que hacer, cada día, todos los días de la semana, y acudía al hospital a todas las horas que estaba permitido entrar en la UCI, procurando no pensar en nada hasta que lo echaban.

Tenía allí compañeros que no podían comer ni dormir, consumidos por la pena, pero yo era radical, ni una concesión conmigo ni con ellos, porque la comida y el descanso eran nuestra fortaleza.

Había que comer, un bocado detrás de otro, aun con el nudo en la garganta, sin saltarse ninguna comida; y dormir, que para eso están las pastillas, ya llegaría el momento de quitarse las adicciones.

Y la tercera cosa, no pensar, al menos nada demasiado blando. Porque aquellas circunstancias no admitían un bonito lema de pensamiento positivo como los que todos nos hartábamos de oír, pese a nuestra realidad paralela de camillas que un día sí y otro también salían de la UCI cubiertas por un gran cajón rectangular de hule negro. Y había quien no podía ni mirarlas y se apartaba para ocultarse en un rincón. Pero no había tantos rincones, así que tarde o temprano a todos nos tocaba enfrentar esa posibilidad que quizá también fuera la que esperaba a nuestros enfermos, como así acabó sucediendo.

El omnipresente pensamiento positivo que allí no era más que una tirita, cuando lo que necesitábamos nosotros era un torniquete. Coger nuestra mente y, a lo bestia, cortarle la alimentación de pensamientos, sacarla de donde estaba y ponerla en otro sitio. Una tarea que parece imposible, pero que la experiencia nos enseñó que no lo es.

Funcionar, aunque fuese bajo mínimos, era a lo único que aspirábamos y lo único que nos podíamos permitir. A estar en el mundo como si estuviésemos vivos, para hacer lo que teníamos que hacer.

Y yo le estoy enormemente agradecida a mi robot, que lo hizo posible, y sin el cual no habría podido sobrevivir y actuar, y ese agradecimiento se lo tengo a pesar de su imperfección. O, más que imperfección, a sus limitaciones.

Porque el pobre me daba para lo que me daba, el trayecto zombi de ida y vuelta, la atención a las conversaciones diarias con los médicos, alerta a cualquier pequeña esperanza o cambio a mejor, y la preservación de la resistencia hasta que llegaba la hora de acostarme y tenía que convocar el sueño con un libro del que no me podía permitir levantar la vista de la línea correspondiente hasta que la pastilla me hacía efecto y me dormía, temiendo ser despertada por una llamada de teléfono en mitad de la noche. Aparte de eso, informar a familiares y amigos a través de un interlocutor de cada. Por la mañana para decirles que no había habido novedad durante las horas de sueño, al mediodía y por la tarde sobre lo que cada mitad de día hubiese traído en aquel entorno que era un concentrado de muerte, angustia y dolor.

Ningún plan alternativo cabía ahí dentro. Ninguna sorpresa.

«Ven a nadar un rato a la urbanización», me decían familiares bienintencionados desde fuera de mi planeta. «Vayamos a cenar o a dar una vuelta, tienes que distraerte», me decían mis amigos, o eso era lo que yo descifraba de los sonidos que articulaban o de las palabras que me escribían.

Pero aunque hubiese tenido ganas de hacer algo de eso, que no las tenía, jamás le hubiese hecho semejante jugarreta a mi robot, que bastante trabajo tenía con mantenerme con una apariencia de comportamiento humano entre otros humanos.

Identidad y fantasma

Los que, como yo, hemos perdido a alguien irreemplazable, fundamental en nuestra vida, tendemos a pensar –y a sentir– que nuestro duelo es mayor que todos los duelos que se han vivido en el mundo hasta el momento. Mucho más duro y difícil. Un duelo hecho de muchos duelos, todos desgarradores.

Algunas personas de buena voluntad me dicen que, poco a poco, lo que Javier y yo hemos vivido juntos se irá convirtiendo en memoria amorosa y no dolerá tanto como me confortará. Que nadie me podrá quitar las experiencias compartidas, la voluntad que ambos teníamos de compartirlas.

La razón me dice que debo creerlos, aunque el sentimiento me comunique a voces que sus palabras no son más que un desiderátum que no se corresponde en nada con la realidad, al menos no con la mía.

La identidad cambia con la pérdida, porque, tras años de estrecha convivencia, parte de nuestra manera de ser y de estar en el mundo se ha ido conformando con el intercambio con el otro. Como ya he dicho, un otro no sustituible, pese a lo que parecen pensar algunas personas, que, ante mi desconsuelo, como en un acto de prestidigitación, se sacan rápidamente de la manga su as para mostrármelo. «Por suerte tienes hijos y nietos, ellos te lo harán más fácil.»

Pobres, no tienen ni idea. Y ojalá nunca se vean en la necesidad de tenerla.

Javier y yo éramos muy conscientes de lo extraordinario que era que nos hubiésemos conocido, que existiésemos en el mismo tiempo histórico y cronológico, con lugares de residencia más o menos cercanos, que nuestras trayectorias nos hubiesen llevado a coincidir en el momento vital adecuado para ambos.

A él le hacía gracia, e incluso lo llevó a escribir un artículo sobre el tema, que yo dijese que Newton, el físico, era mi pareja ideal y mi amor frustrado. Frustrado porque si Isaac había nacido en el XVII y yo no, era evidente que lo nuestro no tenía futuro.

En cambio nosotros dos teníamos una relación real, valiosísima y delicada como una llama con una ventana abierta –¿y en qué vida están todas cerradas?–. Siempre tuvimos clara nuestra suerte y, pese a los tropiezos, creo que ambos supimos cuidar el sentimiento y la convivencia durante el tiempo que nos fue concedido.

Treinta años pueden parecer muchos, pero eso no impide que, cuando ese tiempo se acaba, sean como un instante y queden infinitas cosas pendientes. Ya para siempre tan imposible ver, y hablar con, y amar a nuestro amado como si, en efecto, uno de los dos hubiese nacido hace cuatro siglos.

Su muerte cambia la inclinación del eje del mundo, desde luego de mi mundo, y con él se va parte de lo que hasta entonces me caracterizaba. Lo que me gustaba deja de gustarme o me provoca indiferencia. Altera parte de mis valores, relativizo más y muchas cosas que antes me importaban ahora me parecen nimiedades.

La desaparición de aquel con quien lo has compartido todo hasta el nivel más profundo del pensamiento y la conciencia es una catástrofe vital absoluta y no afecta sólo a una parcela, que tarde o temprano se podría recomponer, sino a la existencia en su globalidad.

Por otra parte, reconstruir algo así resultaría complicado –si es que es posible–, y nadie nos garantiza que el resultado no fuese a ser un esperpento interior al que le faltasen partes primordiales.

El suelo se mueve bajo mis pies y es como si no pasara el tiempo, por más vivencias que se me aconseje que vaya acumulando, por más llena de cariño y atención que esté mi vida.

Y mi día a día está trufado de obstáculos.

Por ahí no puedo pasar, que paseaba con él. En esa tienda no puedo entrar, porque ahí comprábamos. Este libro, que Javier escribió, no puedo ni mirarlo, cuánto menos leerlo. A tal sitio no iré nunca más de vacaciones. Ese pequeño altar de recuerdo con sus obras, en una librería o en aquella universidad, me derrumba. Esta película, que tanto nos gustaba, no la puedo mirar. Esta comida preferida suya no la puedo preparar. No puedo beber el refresco que él tomaba a todas horas. Que no me digan, que no me hablen, que no me envíen nada, que no me muestren, que no me inviten a actos que me van a obligar a escuchar cómo otros repasan lo que yo me sé de memoria y que sólo me va a arañar por dentro.

¿Y qué se puede hacer entonces? ¿En serio voy a pasar así todo lo que me queda de vida? ¿Con comidas, bebidas, series, libros, películas, poemas, cuadros, artículos, lugares, gente que me ponga enferma, porque todo ello contiene la ausencia?

No son preguntas retóricas, son preguntas hoy por hoy sin respuesta.

Sé casi todo lo que Javier diría de todo, por lo que todavía me parece oírlo opinar o comentar esto o aquello –curiosamente, su voz aún viva y presente en mi oído–. Por ejemplo, sé que lo horrorizaría el alud de obligaciones y bregas que me han inundado tras su muerte. Siempre tan protector, a veces en exceso, me diría que no hiciera tal cosa o tal otra, que no le contestara a este o aquel, que a algunos les cerrase del todo las puertas, que tarifase con ellos, una expresión que yo al principio no entendía, se rebelaría desde luego contra tantos trámites.

Y lo sé porque las parejas hablan de todo, y hablan mucho. El matrimonio es una institución narrativa, como dijo él mismo en uno de sus libros. Sobre la almohada se comparte lo pensable y lo impensable, y lo que se cuentan el uno al otro en su intimidad sólo ellos lo saben.

Algo que algunas personas a veces olvidan.

Por eso, ahora que ha sucedido una cosa tan grave como su muerte, es a él a quien tengo el impulso de contárselo. Sólo que esta vez no está.

Javier no está en ninguna parte. Y eso me resulta inconcebible más allá de lo que soy capaz de expresar.

Ya sé que se dice que quien muere pervive dentro de los que los sobrevivimos y los hemos querido, en nuestro amor, que, por desgracia para los vivos, no se acaba con la muerte, y en nuestro recuerdo, hecho de miles de horas de compañía, de vivencias y de conversaciones.

No soy quién para decir que no, y para algunas personas que conozco eso constituye un consuelo, pero mi experiencia es que, presentes o no, los muertos permanecen en el más absoluto silencio.

En ocasiones yo bromeaba sobre el tema.

–Si me muero primero, volveré para asustarte.

–Tú nunca podrías asustarme –me contestaba él sonriendo.

–Sí, porque aprenderé cosas de muertos y te sorprenderé.

Idioteces que luego, en las horas oscuras, no

se te van de la cabeza. Al menos de esta cabeza mía tan racional y en la que no cabe el consuelo que tal vez Javier, tan amante de las leyendas de fantasmas y tan identificado con esa figura sobrenatural, sí hubiese tenido.

Y puede que si realmente es un fantasma y me ve le disguste que sea tan obtusa, tan carente de antenas para lo intangible, sólo dando cabida en mi mente al proceso biológico del cese de la vida y la desaparición del cuerpo. (Y que con ello esté incumpliendo la promesa que me pidió y le hice y que para mí guardo.)

–«Nacemos y morimos, pero en medio podemos hacer algo por los demás» –rememoraba yo en ocasiones el dicho del clásico, con ánimo confortador.

Pero a Javier se le quedaba corto y lo llenaba de amargura, pese a que lo encarnaba como pocos, con la bondad de sus actos y con la inmensa y diría que casi ilimitada generosidad que lo movía.

Aunque si me ve desde su hipotética condición de fantasma, tal vez en cambio lo alegre comprobar que, obtusa y todo, conozco, reconozco y recuerdo todos sus deseos, realizaciones y aspiraciones de vivo y no dejaré que nadie los empañe ni los convierta en moneda de cambio tras su muerte.

Fases

Las fases del duelo de la doctora Kübler-Ross son muy respetadas y todo el mundo, así como todas las escuelas de psicología, las positivas, las negativas y las de género neutro, las han asumido, pero a mí, y disculpen mi arrogancia, me parece que carecen de fundamento.

Porque uno de los primerísimos descubrimientos que trae el duelo es que, cuando estás sumido en él, las palabras no valen nada y de contenido contienen muy poco. Te das cuentas de que ni una de las cosas que lees sobre el tema o bien te dicen da en la diana ni te aporta ningún consuelo. Más bien es como si vieras a los demás pasar por encima del hielo de puntillas, con sus cucos eslóganes, mientras tú estás debajo, ahogándote en agua congelada.

Pobre gente, hacen lo que pueden y a todo el mundo le cuesta acercarse a un doliente –a veces casi un apestado– y acertar con la frase. Recurren por tanto a algunas ya probadas.

«Debes seguir adelante», esta, como he dicho, no falta casi nunca. «Tú haz como las pilas, lo positivo enfrente y lo negativo detrás.» «Intenta ser feliz, siempre depende de uno mismo.» «Para entrar en el año nuevo hay que dejar fuera la basura.»

¿La basura? ¿En serio?

Tampoco creo que ser feliz sea algo que siempre dependa de uno. Ni siquiera con el mayor de los voluntarismos.

Pese a ser, como yo he sido hasta la enfermedad de Javier, una persona intrínsecamente contenta la mayor parte del tiempo, nunca, ni cuando era pequeña, he creído en la felicidad, que además no considero un estado, sino momentos. Y que se me diga que intente ser feliz cuando hace apenas nada que mi querido compañero ha muerto, me parece de una frivolidad inconmensurable.

¿Qué me importa a mí la felicidad en estas circunstancias?

Ojalá la vida y las pérdidas estuviesen tan compartimentadas, doctora Kübler-Ross. Quizá nos han explicado mal su teoría, pero casi se ha convertido en dogma de fe que, en un duelo sano –se nos dice, sin reparar en la contradic-ción–, vamos a ir pasando de una fase a otra, o que, como mucho, las vamos a ir alternando, pero –y este es el núcleo duro de la cuestión– siempre progresando y superando el sufrimien-to, poco a poco olvidando.

Siento disentir de nuevo, pero yo creo que no va así la cosa.

Seguramente alguna vez aprendamos a vivir con la ausencia, a llenar la vida con cosas que antes no teníamos o recuperar otras que sí te-níamos, pero lo que nunca vamos a hacer es ol-vidar. Y ese no olvidar es como una roca inamo-vible que ya para siempre va a estar en nuestra existencia, en la que la ilusión de movimiento la produce sólo lo que gira a su alrededor.

Es verdad que niegas, y hasta te enfadas –«Me has dejado sola»–, te desesperas, te calmas, aceptas, y luego vuelves a negar, porque hasta pasado muchísimo tiempo –cuánto no lo sé–, hay momentos en los que aún te asalta la más pasmosa incredulidad.

No es que no pongas de tu parte. Lo haces, recorres aplicado el Vía Crucis intentando no saltarte ninguna estación hasta llegar al final de las fases previstas y, sobre todo –esto parece que reviste gran importancia–, en el plazo previsto, para encontrarte allí con que la desesperación es tan grande como al principio.

«Oh, caminante, me temo que nunca llegarás a La Meca, porque el camino que sigues conduce al Turkestán», me dice con sorna una amiga, cuando ve que creo que avanzo y no lo hago.

Compasiva, me avisa de que estoy siguiendo un sendero distinto al que piensa que quiero seguir. Pero lo que no sabe es que no pretendo seguir ninguno y que, pese a la supuesta claridad con que nos guía la Teoría de la Pena Programada, a lo máximo que alcanzo es a caminar en círculos.

Cerebro

Como Javier decía a menudo, y todos podemos comprobar por experiencia propia, el cerebro nunca descansa.

Ya sea para desarrollar las Leyes de la Gravitación Universal o bien para pensar lo que puedo pensar yo en mis peores momentos. La calidad del contenido no altera ese hecho.

Y no sólo no descansa, sino que es saltarín.

Con el duelo, esa llamémosle cualidad se intensifica. Porque cuesta mucho, cuesta lo indecible concentrarse. Incluso más que justo después de tener un hijo, y las que lo hayan tenido sabrán de qué hablo.

«El dolor cansa», decía él también, refiriéndose al dolor físico, aunque suponíamos que igualmente podría ser el anímico, no habíamos tenido ocasión de comprobarlo.

Durante nuestra vida compartida sufrimos pérdidas, de los dos y de cada uno, y alguna muy dolorosa, reciente y no tan reciente, pero para mí ninguna con un efecto tan devastador como ésta –en parte porque él ya no está para consolarme–, de manera que ambos habíamos sido afortunados bisoños en el asunto hasta este momento en que el experimento me toca hacerlo sola.

«Sí, el dolor anímico también te deja sin fuerzas», le podría ahora confirmar.

Lo que sin embargo ni sospechábamos es que asimismo te pasa una lija por el cerebro y te lo deja liso y hasta diría que impermeable.

Te desaparece una pastilla que llevas doce años tomándote a diario y que sabes seguro que has sacado de su blíster, pero no dónde la has dejado, para descubrir al día siguiente que en realidad no sólo no la perdiste, sino que te tomaste dos, algo bastante grave.

Cambias la casa de arriba abajo, y no en plan bonita revista de decoración, un detalle aquí y otro allí, sino que desmontas armarios y estanterías a martillazo limpio y sacas las toneladas de madera de ese lugar que ya es sólo tuyo casi sin poder, debido a lo mucho que pesa, pero de repente no puedes mirar aquellos muebles desmontados que te hacen un daño emocional insoportable.

Sales corriendo a comprarte un acuario y peces, algo que nunca se te había ocurrido y que no sabes lo que comporta –trabajo y responsabilidad, como cualquier mascota–, y luego, rebotada, dedicas varias horas a instalarles el filtro, el calentador, la iluminación; un tipo de tarea que odias.

Olvidas absolutamente todas tus contraseñas, que tienes que recuperar una a una, porque tampoco recuerdas dónde las tenías apuntadas.

Calientas comida en el microondas con el microondas vacío.

Vas a Hacienda para hacer frente a una de sus muchas ocurrencias, que ni en caso de fallecimiento del contribuyente dejan de llegar, y cuando te has trasladado allí medio alelada y con gafas oscuras para tapar al menos parte de tu cara, te dicen que aún te falta tal cosa. Y tú, que no lloras desde que tenías dos años, te echas a llorar delante del funcionario, que hasta llega a salir de detrás de su parapeto para consolarte, mientras mira cohibido a las muchas personas que también esperan y que contemplan la inesperada escena con gesto impaciente.

Y así hasta ciento.

Pero lo peor ha sido mi absoluto desconcierto al volver a sumergirme en el libro que teníamos en marcha para nuestra editorial y cuya producción interrumpí para ir con Javier a Madrid para lo que creíamos que sería sólo una pequeña intervención.

El texto es de los más largos y complicados que he tenido entre manos, pero este hecho, tras su muerte, era sólo una parte del problema, porque ni recordaba la estructura, ni era capaz de encontrarle una lógica a la secuencia de páginas, ni sabía en qué punto de la realización estaba. Por no hablar de que ni uno solo de los personajes que van asomando por los Balcanes me sonaba de nada.

Han desaparecido también nuestros comentarios al terminar yo mi rato de trabajo en esa tarea editorial, el mucho juego que nos daba la lectura del día y cómo casi siempre nos llevaba a documentarnos más, en ese y en todos los libros que publicamos.

Buscábamos el plano de distribución de una iglesia de la que el autor hablaba, o dónde estaban aquella pequeña ciudad o pueblo, o, siguiendo lo que contaba una escritora, intentábamos dar con los antiguos documentales de tal atentado para ver, como ella explicaba con tanta delicadeza, cómo las manos de quienes rodeaban al asesinado lo acariciaban en su agonía, manos anónimas que lo acompañaban en la muerte.

Dice una de mis compañeras de UCI, ahora querida amiga que está viviendo su propio duelo casi a la vez que yo, que hemos bajado al infierno y saldremos fortalecidas. «Es más, seremos otras», añade.

Pero yo no quiero ser otra. Me había costado mucho llegar a ser la que era. Aunque veo que el cambio es inevitable. Y no sólo porque me falte una parte del cerebro, sino porque las vidas no están preservadas en almíbar, como Javier decía que lo estaba la ciudad de Oxford.

También porque las circunstancias me han puesto en contacto con comportamientos que ni sospechaba, que sólo había visto en los peores libros o películas. Y porque me tengo que dedicar a infinitas gestiones de esas que piensas que a ti no te tocan. Tú no eres uno de los adultos de tu infancia, cómo vas a ser tú por tanto quien busque un notario y se reúna con gestores de patrimonio, o compre un sepulcro y se embarque durante más de un año en trámites y más trámites en sí dificultosos, pero además dificultados.

Y sientes entonces un poco de pena por ti misma. Otro de los cambios que te resultan inaceptables, porque llevas toda la vida intentando no tener nada que ver con la autocompasión, justamente el sentimiento que te ronda insistente, sobre todo cuando piensas lo que pensaría quien tanto te cuidaba si pudiera vislumbrar la que ahora es tu realidad.

Protagonismo

El duelo tiene muchas cosas malas.

Rectifico. El duelo es malo de manera absoluta, completa y sin resquicios.

Ya, ya sé que se dice que el padecimiento tiene su parte positiva, que enseña, curte, fortalece. Pero les voy a revelar un secreto: para conseguir todo eso no hace falta pasar un duelo, vivir un hundimiento de tal magnitud que no parece hecho a la medida del ser humano. Porque, atención espóiler, pasarlo mal no es la única manera de aprender o hacerse fuerte, o mejor persona, o más desarrollado, o lo que sea que se pregone.

¿Por qué un Dios que presuntamente ha inspirado una de las doctrinas más eficaces que existen para la conservación de los humanos como colectivo iba a querer que tuviésemos tan estropeado el chip de aprender –imprescindible para avanzar como especie–, que éste sólo se nos activase con el sufrimiento atroz?

¿Por qué íbamos a necesitar perder a alguien para valorar y añorar a ese alguien? ¿Es que el amor en sí es insuficiente? ¿Es que nadie tiene en cuenta que, mientras están vivos, ya valoramos infinito a quienes queremos?

«Si te pueden hacer daño, te lo harán», se oye de determinadas bocas. «Cada cual mira por sí mismo, haz tú lo mismo», se desatan algunos, supuestamente justificados por poco comprobables vivencias extremas. «Piensa mal y acertarás.»

¿Quién no ha oído alguna vez estas máximas tan manidas? ¿Y quién se atreve a afirmar con la mano en el corazón que en su vida eso ha sido lo dominante?

Y si lo afirman, lo siento, pero no me lo creo. Porque el ser humano tiende a la empatía y la solidaridad y cuanto más catastrófica sea la circunstancia, más.

Sin irnos a grandes cataclismos, como un terremoto, una guerra, un atentado de una crueldad inimaginable, ¿quién no ha visto que la primera reacción ante un percance sucedido en la calle es ayudar, averiguar si se puede ser útil de alguna manera? ¿Quién no ha experimentado la amabilidad de los extraños en circunstancias complicadas? ¿Quién no ha recibido una mirada o una sonrisa que lo han confortado? Eso por no hablar de nuestros próximos, que estarán a nuestro lado sin reparar en gastos incluso cuando seamos los más insoportables del mundo; no sólo cuando hemos perdido a alguien querido, también si no encontramos nuestra autoestima o una ilusión.

Puede que estas afirmaciones los lleven a pensar que estoy poco menos que empadronada en el mundo rosado de los unicornios, pero es una impresión que no puede estar más equivocada, puesto que yo soy una firme convencida de que el mal existe y de que hay seres humanos malvados sólo porque quieren serlo.

Y lo creo incluso en discrepancia con personas menos bien pensadas que yo, más realistas si quieren, que sin embargo se resisten a aceptarlo.

Es verdad que no muchas cosas son absolutas y que todo tiene mezcla, como decían Sir Thomas Browne y algunos otros, pero, como en este caso decía Paracelso, la dosis es el veneno. Y, a pesar del arraigado instinto de los humanos de ayudar a otros humanos, hay gente que parece haber nacido para hacer infelices a muchos, si no directamente para hacer daño.

¿Tiene esto algo que ver con el duelo? Algo.

De repente, tu pérdida te coloca en el centro de todo y se te ríen todas las gracias, incluso las menos graciosas. Privilegios que no has pedido y que te incomodan un poco, porque derivan directamente de la pena que das.

Pero pese a que en muchos momentos te sientes peligrosamente a punto de ponerte en evidencia y tus lágrimas parecen montar guardia permanente cerca de tus ojos para acudir prestas en cuanto se las requiera, o incluso también si no se las requiere, la verdad es que los dolientes sólo queremos dos cosas: que nada de lo que ha pasado haya pasado y que nos dejen en paz. Que no se fijen en nosotros, que no nos observen, que nos permitan seguir nuestro proceso y nuestro monólogo –o tal vez es diálogo– interno a nuestro aire, pasar desapercibidos.

Ay, pasar desapercibido. Menuda ilusa. ¿Cómo va a pasar desapercibido el que, en contra de su voluntad, se ha convertido en el momentáneo dinamizador de su entorno con su mera espectral presencia? ¿El que se interpreta que necesita todos los cuidados, toda la atención, toda la delicadeza, todo el cariño?

«¿Cómo estás?» Es la pregunta más temida y la que probablemente más vamos a oír en los meses que siguen a un fallecimiento.

Es normal. ¿Qué nos va a preguntar si no la gente que se interesa por nosotros?

Y sin embargo a mí ha llegado a sacarme calladamente de mis casillas.

Mal, estoy mal. Cae por su propio peso. Pero no lo quiero estar diciendo cada vez que me pregunten, y tampoco fingir que estoy bien, porque ni lo estoy ni soy capaz de fingirlo.

¿Cuál es pues la alternativa? Ya lo he dicho, que nadie pregunte nada. Que me ignoren.

Una aspiración que, además de demostrar que la cabeza un poco sí se pierde, demuestra también que los dolientes nos volvemos gente difícil y rara a la que no hay por dónde coger.

Quizá lo mejor sería que nos dejaran apartarnos del mundo, como antaño. Incluso recuperar la costumbre, creo que lo he leído, o bien confundo cosas, de cerrar la casa con nosotros dentro y tapar los espejos, visto que ni siquiera nuestro reflejo soportamos.

Pero con ser eso malo, es aún peor que, no se sabe por qué, los que te rodean tienen la impresión de que deben intervenir sin falta en tu vida individual recién estrenada.

Todo el mundo tiene algo que aconsejarte, todo el mundo quiere ayudar organizándote el día a día e incluso el futuro, todo el mundo te dice si lo estás haciendo bien o mal, todo el mundo te quiere apoyar y acompañar, aunque no sea lo que tú necesitas.

Se dice que hay gente que te quita soledad sin darte compañía. En el transcurso de la vida todos hemos conocido a personas así. Lo malo es que, durante el duelo, en medio del desconcierto que éste provoca, quienes más queremos y a los que mueve el amor más desinteresado parecen haber adoptado en bloque esa actitud. Y como son, en efecto, quienes más queremos, descartado descartarlos.

Así que callas y aguantas, mientras te vas convirtiendo en un edificio con riesgo de derrumbe, con todas las ventanas y las puertas abiertas para que quien quiera opine sobre cómo hay que apuntalar tal viga o asegurar el suelo, y qué simbólicos cuadros o cortinas o color de pintura te van a ir mejor de ahora en adelante para amueblar tu desolado interior.

Desaparición

Durante el duelo pasa asimismo una cosa extraña que no sé si es real o imaginación mía, pero creo que es real, porque se repite con diferentes personas y en distintas circunstancias.

Llega un momento en que quien ha muerto es como si dejara de existir. Sigue presente como idea, como nombre, como ser querido o amigo que ya no está con nosotros, pero he visto que cuando menciono el cráter que ha dejado en mi vida, o digo que ésta tiene un antes y un después de esa muerte, apenas me dejan terminar y me acabo arrepintiendo de haber abierto la boca.

Dejando al margen mi más que probable condición de pesada oficial –temporal espero–, tan amplia me parece la falta de sintonía entre yo y quien habla conmigo, aunque sea alguien muy próximo a mi marido, que es de esas veces en las que compruebas que, aun compartiendo idioma, si se está en hemisferios emocionales distintos es imposible entenderse.

Atribuyo esa reacción a dos factores. Por un lado, todo el mundo parece estar pasando página antes que yo. Y es normal, ha transcurrido el tiempo y la vida de todos ha seguido. (La mía también, aunque de momento continúe con residencia permanente en el Limbo.) Y, por otro lado, el cariño de quienes me rodean les hace querer impedir que sufra, aunque sea a costa de negarme la realidad. O, más que negármela, esperando que yo también participe en ese acuerdo tácito de mirar para otro lado, con lo cual, con la mejor buena fe del mundo, acaban convirtiendo en tabú mi sentimiento de pérdida.

Casi todos en un momento u otro me obsequian con el set completo de tópicos: «Te recuperarás», «Tú eres muy fuerte y alegre, llegarás a superarlo», «Puedes hablar de lo que quieras [es mentira]. Como si necesitas meterte en un rincón, todo estará bien, nosotros te queremos [es verdad]».

Tapones, tapaderas y antifaces para no ver ni escuchar lo que el doliente realmente está diciendo.

La idea subyacente parece ser que hay que olvidar rápidamente el dolor, integrar la nueva circunstancia en nuestro día a día sin pérdida de tiempo y cubrir cuanto antes el descomunal socavón que la ausencia ha dejado.

No acabo de entender el mecanismo.

Quizá sea instinto de especie, que tiende a proteger a sus semejantes vivos en una economía de recursos que los muertos ya no necesitan. O tal vez rechazo a mirar el sufrimiento de otro de frente, o incluso de reojo, porque eso hace el nuestro insoportable. O, si no se es tan cercano como para eso, simplemente la baja tolerancia a lo malo, al padecimiento, a la frustración, a lo que nos satisface poco que es signo de nuestra época.

En lo que nos hace pasarlo mal hay que invertir el mínimo de tiempo y energía posibles, ponerle encima capas y más capas hasta dejar de verlo. Al fin y al cabo, hemos nacido para ser felices, ¿no?, es lo que nos llega en avalancha, y demasiada desgracia por los alrededores enturbia esa felicidad que parece haberse convertido no sólo en un deseo, sino en un derecho inalienable.

Que no se nos muestre lo que no somos capaces de mirar. No debe haber muerte –incluso algún médico más entregado a las conferencias por internet que a la práctica pregona esto mismo, que la muerte no existe–, no debe haber desconsuelo más allá del periodo absolutamente imprescindible.

Ante el duelo algo se nos activa dentro que nos lleva a apresurarnos a apagar cualquier conato de tristeza en quien la experimenta, a hacerle a quien sufre un traje a medida, a «distraerlo», aunque quien esté viviendo la pena no lo haya pedido ni lo necesite, porque, incluso con ella, se vea capaz de seguir su camino en relativa paz.

La mínima mención del ausente por parte de aquel a quien le falta, aunque sea neutra, se interpreta como que no se está «progresando adecuadamente», y se teme que se vaya a quedar estancado, su duelo enquistado.

«La música sana», nos dicen a veces en su desesperación por sacarnos del agujero negro.

Y es verdad, funciona. Por ejemplo, cuando fuera llueve o hace frío, determinadas melodías pueden realzar el decorado. Pero nunca se te ocurriría ponerte a escuchar música en medio de un huracán de dimensiones épicas, mientras se te vuela el techo y las paredes amenazan con sepultarte.

Sí, amigos, el duelo significa también el silencio del doliente. A veces por KO absoluto.

Mausoleos y momias

Las opiniones son como los gustos, cada uno tiene las suyas.

Aunque si la persona que ha muerto es alguien conocido, esas opiniones se multiplican y mucha gente se cree con derecho, no sólo a opinar, como he dicho antes, sino también a decidir sobre esto o lo otro que atañería al fallecido, en especial si éste no ha dejado indicaciones demasiado claras al respecto. Y, aunque las haya dejado, es como si la voluntad del que desaparece tuviera que desaparecer también, anulada por su no existencia.

Ha perdido la voz, ¿no? Pues también ha perdido el voto.

Es un deseo que he descubierto en algunas personas.

Leo que próximamente se va a abrir al público la casa-museo de Serge Gainsbourg en París, intacta desde su muerte, lo cual hace levitar al reportero. Con «ceniceros llenos de colillas», en el frigorífico las chocolatinas deshechas que consumía Gainsbourg en vida –es de suponer que entonces no deshechas–, y sus medicamentos, ya estropeados por el tiempo transcurrido.

Y la grima que me da y que seguramente le daría a Javier es inmensa.

Estamos muy acostumbrados a que muchas casas se conviertan en mausoleos y ya no nos extraña.

Comprendo la curiosidad que hace acercarse a la intimidad de los famosos, el *voyeurismo*, pero, aunque la entienda, sé que no aporta nada de nada a la obra, sea el famoso pintor, músico, cineasta, escritor u otro tipo de artista.

Durante nuestra vida juntos, nosotros dos visitamos numerosas casas-museo, para salir siempre decepcionados y con cierta incomodidad. Supongo que la que da asomarse a la vida cotidiana de alguien cuando ese alguien ya no está, y ver que hacerlo no ha añadido nada a lo que sabíamos de esa persona o a lo que admirábamos de su trabajo.

Porque la realidad es que, sea quien sea, está muerto, y el hecho de que la gente vaya a ver su pluma, su pipa, su mesa o su clavicordio no lo revive.

No son parientes nuestros, sólo los conocemos por lo que han hecho, gente tan inaccesible para nosotros de vivos como de muertos, que habitan en otra dimensión, o eso parece, por lo que ver sus casas vacías poca emoción nos puede causar, si exceptuamos quizá la de Sherlock Holmes, que ni siquiera existió.

Tampoco añade vivacidad al retrato del ausente, aunque nos revele curiosidades de las que, por otra parte, también tendríamos noticia sin necesidad de pisar los suelos que él o ella pisaron. Como saber que Laurence Sterne tenía un pequeñísimo jardín en su rectoría de Shandy Hall que aún conserva parte de sus plantas, de las que el cuidador amablemente me regaló un esqueje que vivió en nuestra casa durante años. La planta de Sterne, como la llamábamos Javier y yo poco imaginativamente, y que ni siquiera llegamos a saber nunca de qué planta se trataba, tan anodina era.

Porque si no hemos conocido al personaje, por más que atisbemos en cada rincón de su entorno, no va a pasar de ser eso, un personaje. Nunca va a ser para nosotros una persona con sus variaciones, sus contradicciones, sus alegrías, sus momentos melancólicos, en definitiva, va a ser sólo el que definen cuatro rasgos repetidos hasta la saciedad, inmutable, o lo que es lo mismo, una momia. Un muerto conservado, sea en salmuera, objetos o palabras.

También en nuestra nevera quedaron chocolatinas, una abundante cantidad, golosos los dos, pero me deshice de ellas. En parte porque Javier ya no se las podía comer y en parte porque a mí ya no me apetecían.

Como ya he dicho, la inclinación del eje del mundo cambia con la desaparición y con ese cambio cambian los gustos y las preferencias de los supervivientes.

No quedaron colillas en los ceniceros, porque ambos éramos maniáticos del olor a tabaco, él a pesar de lo mucho que fumaba, y los vaciábamos muchas veces al día y muchas veces al día abríamos de par en par las ventanas o las puertas de los balcones o las terrazas de allá donde estuviésemos, aunque fuera la temperatura bajara de cero. En cambio sí siguieron allí cartones enteros de tabaco, colaborador necesario de su muerte, hasta que yo los tiré a la basura en un gesto ya inútil.

Había también algunos medicamentos, menuda apasionante información, los medicamentos que todo el mundo tiene. Y, al igual que los de Gainsbourg, seguramente estropeados por el tiempo.

Ni su biblioteca particular, creada a lo largo de los años, adquirida por él libro a libro o a veces aceptando títulos que realmente lo convencían y que alguien le regalaba; ni su ropa vacía colgada en los armarios, incluido el traje completo de *black watcher*, con su *kilt*, su chaqueta, cinturón, chaleco y *sporran*, que compramos en Edimburgo una tarde loca y que le quedaba de fábula, pesaba varios kilos y tras ese día no se puso ni una sola vez, aunque se planteó muy en serio llevarlo en su nombramiento como académico de la RAE, algo que habría podido hacer perfectamente, dado que está considerado traje de gala; ni la «cueva», la habitación sin ventanas que llamábamos así por razones evidentes, con sus paredes llenas de DVDs de arriba abajo, ordenados por director (!), algo que a mí me volvía loca, porque, una absoluta analfabeta cinematográfica a su lado –Javier se sabía todos los directores de todas las películas y la mayor parte de sus actores, incluidos los que representaban un papel mínimo, en ocasiones incluso sin diálogo–, cada vez que yo tenía que buscar una, debía empezar por averiguar antes en internet o en sus muchos diccionarios de cine quién la había dirigido; ni los miles de CDs de todo tipo de música, y todo tipo es todo tipo, literal, no una figura retórica, la música considerada por él el arte supremo, que escuchaba a todas horas; ni nuestra bonita habitación con dos balcones y un planchador de pantalones de madera que descubrimos en un hotel de Bilbao y usamos para todo lo que se nos ocurrió mientras estuvimos allí, pero que cuando lo compramos y entró en la casa olvidamos y sólo servía como soporte para cargar su móvil; ni los numerosos baúles que yo le iba proporcionando y que él utilizaba para guardar los muchos mecanoscritos de sus libros, corregidos una y otra vez a mano hasta la versión final que daba por buena; ni los cuadros, cada uno con una historia de por qué fue comprado y dónde; ni los cientos de figuritas de soldados, que a simple vista son una legión, pero para Javier y, por proximidad, para mí, tenían asimismo cada uno su razón de ser y su justificación en aquel ejército heterogéneo; tal lámpara, tal cajita, aquel reloj calendario antiguo, las pequeñas reproducciones de cascos romanos y medievales que encontramos en York, tras visitar los restos del fuerte romano que tenía allí su base; nada de todo eso le podría decir nada a nadie si lo viera, no al menos lo que nos decía a nosotros.

Aun así, lo que pocas veces falta en estos casos son los intentos de canonización laica y la consiguiente «relicarización» de los objetos.

Y a mí, que compartí gran parte de mi vida con Javier y fuimos interlocutores permanentes y de largo vuelo el uno del otro, hay personas que me vienen a explicar cómo era o qué le gustaba.

No importa. Yo poco voy a contar.

Porque la intimidad existe y para nosotros era sagrada. Y, aunque él ya no esté, todavía estoy yo, como *black watcher* vigilante, valga la redundancia.

Añadamos a eso que Javier era pudoroso con sus cosas y, pese a lo que pueda parecer, contaba exactamente lo que quería contar y nada más. No sólo a periodistas, sino a muchos de los que lo rodeaban o bien mantenían correspondencia con él. Y eso que contaba es lo que ahora todo el mundo sabe y constituye gran parte de su imagen, una que los dos considerábamos estereotipada.

Pero le daba igual. Como digo, explicaba lo que quería y se guardaba también lo que quería. Y no le importaba nada en absoluto –no he conocido a nadie tan libre en ese sentido– lo que pensaran de él.

A los suyos nos consideraba su lugar seguro, con quienes se mostraba en todas sus facetas de humano al margen de la imagen pública. Quizá porque sabía que, una vez ausente –si es que nos caía encima esa inmensa desgracia–, íbamos a mantener silencio sobre todo aquello que él había querido callar.

Noche

Según dicen neurólogos y psiquiatras, de noche la quietud llama a los pensamientos, sobre todo a los más desasosegantes, y una vez asoman por el cerebro, éste, siempre tan diligente, se pone a su tarea de intentar consolidarlos, fijarlos, dejarlos ahí el mayor tiempo posible.

Nada se le puede reprochar, hace su trabajo, pero para quienes estamos de duelo, ese trabajo convierte la noche en uno de los momentos más temibles.

Y no sólo la noche estrictamente hablando, sino digamos todo el periodo de después del final de la jornada diurna, de las obligaciones. El que antes era el tiempo de reencontrarse con la persona con quien ibas a compartir esa parte del día, a repasar relajadamente lo vivido, quizá a desarrollar lo que en las comunicaciones a salto de mata de las horas de luz había quedado nada más apuntado.

No grandes temas filosóficos, sino la cotidianidad, con sus informaciones, sorpresas, decepciones, contentos, desafíos o dudas.

El momento de cerrar las puertas y entregarse a la intimidad, de jugar en tu propio campo y también en el campo común.

Javier odiaba el relato de los sueños en literatura. Yo también y, añado, por mi parte también el de los sueños en el cine, que siempre les salen tirando a fatal. En uno u otro medio son aburridos, a nadie le importan los de los demás, que resultan, en el mejor de los casos, surrealistas y deshilvanados. Si tienen sentido o interés para alguien es solamente para uno mismo, y aun entonces un interés limitado.

Sin embargo, a él le gustaba que le contase los míos, creo que porque le divertía lo simplones que eran. Siempre llenos de aventuras en las que indefectiblemente lo llevaba conmigo a todas partes, ya fuese para liberar a Churchill de una isla disfrazados de camareros o bien para escapar de una escalofriante montaña formada por codornices.

Javier decía que él nunca soñaba, lo que daba lugar a mi frase de rigor, tan repetida que solía terminarla por mí añadiendo cierto tonillo redicho que yo no había usado, aunque quizá sí estuviera en el fondo: «Sí sueñas, pero no te acuerdas. Nadie puede no soñar, se volvería loco, es una función imprescindible del cerebro».

La advertencia está hecha. Este es el capítulo que, si se detestan los sueños como los detestábamos nosotros, o, como es mi caso, si se detesta además lo extrasensorial, hay que saltarse.

A diferencia de cuando estaba vivo, no he tenido muchos sueños con Javier durante el duelo, sólo algunos en el primer par de meses tras su muerte. Sueños que a mis amigos esotéricos les servían para confirmar que él se comunicaba conmigo en ese otro plano en el que creen y que atribuyen a la física cuántica. (Sí, también la compleja y todavía en proceso de comprensión física cuántica banalizada y reducida a eslóganes.)

Uno tenía como tema el baile.

Javier bailaba tirando a regular, pero hacerlo le encantaba y bailaba conmigo en privado. Una época, la inmediatamente posterior a los Juegos Olímpicos de Barcelona, aunque a nosotros nos duró bastante más, aprendimos a ejecutar unos pasitos que les vimos a Los Manolos, y los poníamos en práctica a la mínima, aunque estuviese sonando una sinfonía. Y, en contraposición a lo que pueda suscitar la ridícula imagen, lo hacíamos muy serios y completamente concentrados, porque esos pasos no son fáciles, puedo asegurarlo.

Otro baile que no nos perdíamos, pese a la cursilería que supone, era *El Danubio azul* el día de Año Nuevo, la pieza que siempre tocan al terminar el concierto de Viena. Pero es un vals muy largo y al final nos cansábamos y optábamos por alguna polka o coreografía colectiva del Oeste, aunque sólo fuéramos dos.

En resumen, el baile, incluso el de ejecución estrafalaria, formaba parte de nuestras vidas, así que no me extrañó que apareciera en uno de mis sueños.

Javier me tendía una mano moviendo apenas las caderas y avanzando hacia mí, como siempre dábamos comienzo a nuestros patéticos espectáculos *à deux*, y yo, también como en la realidad, me cogía de su mano y empezábamos. En el sueño, en medio de un mix de chachachá y Manolos, él me decía: «¿Tú crees que bailo mal porque soy Sagitario?». Yo me partía de risa y le contestaba: «Tú no eres Sagitario, pero lo que importa es bailar». Y seguíamos con lo nuestro.

Me desperté con una sonrisa, hasta que recuperé la conciencia y la realidad se me presentó con toda su amargura.

Pero qué duda cabe de que durante lo que duró el sueño realmente estuvimos juntos, bailando y pasándolo bien. Porque, al menos eso dicen los expertos, el cerebro –que sin embargo no tiene nada de idiota– no diferencia entre rememoración, sueño y realidad para mandar sus órdenes fisiológicas y movilizar sus neurotransmisores.

El ejemplo más claro es el sueño erótico, durante el cual nuestro cuerpo experimenta realmente la excitación, aunque sólo se trate de un sueño.

Así que es lógico pensar que un reencuentro onírico con quien nos falta, el placer que eso nos produce, las conversaciones, ver de nuevo a quien ya no está, las bromas, la complicidad recuperada, pueda llenarnos de endorfinas, aunque cuando nos damos cuenta de que no ha sido real la añoranza sea insoportable.

Otra noche –ánimo que son pocos– estábamos sentados en una cafetería de un parque de Durham en la que de verdad estuvimos sentados una vez. Teníamos las manos cogidas por encima de la mesa y charlábamos del Vaticano II.

Ahí sí me di cuenta en el mismo sueño de que eso no podía ser verdad, porque se trata de un tema que a Javier no le podía interesar menos. Pero aun así noté físicamente sus manos y vi su mirada y por unos fugaces segundos eso me llenó de alegría.

En el penúltimo no pasaba nada, pero él hablaba dentro de mi cabeza mientras yo soñaba otras cosas. Me debía de decir algo que me hacía gracia, porque me di cuenta de que sonreía dormida. Y me desperté con mi propia voz complacida preguntando: «¿Me estás hablando en sueños?».

No refiero, por reiterativo, el desplome de tristeza que me trajo el despertar.

Y dejo para el final el sueño más tramposo. Tramposo sin mi voluntad.

En él era Javier el que se había quedado sin mí, que creo que me había muerto. Y alguien le decía que se tenía que buscar una mujer. Ya saben, esa idea tan presente de que hay que «rehacer» la vida.

Él contestaba: «Yo ya hace muchos años que sólo puedo estar con una mujer, una a la que no pueda confundir con ninguna otra».

Y yo, que estaba por allí no sé si como espíritu o sólo como guionista, casi reventaba de satisfacción y razonaba en el propio sueño, justificándome, que no estaba llevando el agua a mi molino, porque otras veces había tenido pesadillas horribles que también habían salido de mi cerebro.

Sea como sea, ¿quién puede negar que durante el rato que duraron esos sueños él y yo estuvimos juntos? Durante esos momentos, seguramente muy breves, mi mente y mi cuerpo estuvieron con Javier, haciendo solamente lo que sucedía en el sueño y ninguna otra cosa.

Dormir, me podría decir alguien, sí, dormir como condición necesaria para soñar.

Pero ya digo que he tenido muy pocos y la mayoría de las veces la proximidad de la noche sólo es angustiosa.

Durante el día soy una Jekyll que más o menos da el pego, pero con la oscuridad me convierto en una Hyde misántropa que lo único que desea es que se acabe la jornada, perder la conciencia y desplazar su ser inerte hasta la mañana siguiente, cuando, de manera inevitable, se reiniciará de nuevo el ciclo.

En el apartado Sobrenatural tengo poco que contar, quizá por mis propias limitaciones neurofisiológicas y, como ya he dicho en otra parte, mi falta de antenas extrasensoriales. Pero un par o tres de cosas sí me han pasado, y una de ellas me asustó de verdad.

El miedo es un sentimiento que está siempre presente en el duelo, como he descubierto con infinito asombro, y el miedo a perder la cabeza no es uno de los menores.

Cuando hacía pocos días que Javier había muerto, mientras dormía noté que me pasaba un brazo por la cintura, él también dormido a mi lado. Y por unas décimas de segundo creí que estaba allí, porque verdaderamente noté el peso de ese brazo. Hasta que, para mi desconsuelo, mi lucidez logró despertarme.

Por la misma época, estaba sentada en el sofá viendo una película de la que no me acababa de enterar del todo, pero que se desarrollaba delante de mis ojos, y me adormilé. Como me pasaba tantas veces cuando los dos mirábamos la televisión juntos y, contra su criterio, yo quería apurar hasta acabar el episodio o lo que fuera.

De repente noté un roce suave en el cuello, la manera delicada en la que él me despertaba en esas ocasiones, para no sobresaltarme.

Abrí los ojos esperando ver su cara risueña y un poco burlona, porque, tal como me había augurado, yo no había aguantado despierta y al día siguiente habría que retroceder hasta donde había sucumbido a la inconsciencia.

Pero pese a lo real de su tacto, no estaba a mi lado y, contraviniendo las fabulaciones de alguna gente querida que en todo ven señales, yo supe sin ningún género de duda que su percibida presencia sólo había sido una cruel elaboración de mi mente afligida.

Sin embargo, ya he dicho que una de las veces me asusté.

Habían pasado más o menos tres semanas desde su fallecimiento, un hecho que me seguía pareciendo irreal, imposible e inasimilable, y yo había ido al dentista con muchas dudas, porque llevaba toda la mañana llorando y no sabía si iba a dejar de hacerlo con la boca abierta. O, más que llorando, me habían estado cayendo lágrimas. Mientras me duchaba, encima de los cereales, cuando caminaba hasta la calle de arriba para coger un taxi, con gafas de sol en un día que amenazaba lluvia, un objeto de primera necesidad para un doliente.

Después del dentista tenía que entregar un sobre en el banco y, para que no se rozara dentro de mi bolso lleno de cosas inútiles, al salir de casa cogí al azar una de las hojas de papel para reciclar que antes teníamos y ahora tengo yo sola en unas cestas rebosantes de primeras pruebas de libros de Javier o de Reino de Redonda ya publicados, centenares de hojas. Y con ella protegí el sobre.

Una vez llegada a la consulta, mientras aguardaba más de lo habitual, sola en la sala de espera, empecé a poner orden en el bolso y mi vista recayó sobre la hoja protectora. Era una página de *Tomás Nevinson* doblada en tres y la parte que quedaba ante mis ojos decía: «... convenía que todo el mundo me creyera muerto y por lo tanto fuera de juego e inalcanzable, y esto es lo que Berta llegó a creer con ahínco, pero sin certidumbre, es decir, intermitentemente ...».

Javier se estaba dirigiendo a mí en ese mismo momento, a través de una hoja cogida al azar, con unas palabras nada azarosas. Eso es lo que sentí.

Impresionada, miré hacia la ventana que tenía delante y pregunté en voz alta, pero baja: «¿Estás aquí?», con más miedo que esperanza. Porque, de ser así, yo habría tenido cosas muy fundamentales que replantearme.

Pero enseguida me recompuse y mi racional racionalidad me mostró claramente que aquella manifestación, como todas las otras vividas hasta entonces, sólo era un clavo ardiendo al que me quería agarrar para no sentir que el vacío estaba realmente tan deshabitado como parecía.

Añoranza

Escribo desde mi terraza, que ahora es sólo mía, pero fue nuestra. La terraza que Javier llamaba de Tomás Nevinson, porque con ese libro me la regaló. Hizo posible mi deseo de cambiarla entera, comprar un sofá de mimbre, poner unas mesas aquí y allá, una celosía, una tumbona y equipar mi rincón de labores de jardinería, así como llenarla de enormes plantas-barrera ante los vecinos de enfrente, o de plantas sin más para acompañar a muchas otras que ya teníamos, esas que yo cuidaba y conocía una a una por su nombre y apellidos, junto con los de todos sus familiares. Con las que pasaba largos ratos haciendo cosas para él incomprensibles, que luego yo me ocupaba de pormenorizarle hasta en sus detalles botánicos más nimios.

Al recordar cómo soportaba mis entusiastas explicaciones una vez tras otra con tan buena cara y hasta con una media sonrisa, cuando yo sabía que no se enteraba de nada de lo que le estaba contando y que además no le interesaba lo más mínimo, no me cabe la menor duda de que está en el cielo, sea este real o inventado por nosotros, pobres seres desolados, derrotados y anhelantes.

«Quién sabe lo que se traga la tierra», decía Machado.

Yo sí lo sé, al menos sé lo que se ha tragado para mí y que ninguna de mis plantas puede suplir, aunque pudiese hablarles de ellas a toda una asamblea de expertos.

Durante el verano de su agonía se me murieron todas, desde la más resistente a la más frágil. Fue un verano especialmente caluroso y ellas no tuvieron ni una gota de agua, aparte de que acabaron cargando con toda la suciedad que produce mi sucia ciudad.

Después de largos y angustiosos meses en Madrid, volví a casa sin él y me las encontré irrecuperables, marrones, tumbados los tallos y caídas las grandes hojas.

Y así decidí que se quedaran.

Javier estaba muerto, pues ellas también, una de esas extrañas lógicas de las que los dolientes nos imbuimos a veces. Y así las tuve durante mucho tiempo, lo exterior acorde con mi desierto interior.

Pero un día me compré un pequeño tronco de bambú, porque me pareció que de tan insignificante no era ni siquiera una planta, y además podía (y debía) estar dentro de casa, viviendo incomprensiblemente sólo de agua, que a menudo me olvidaba de cambiarle.

Y otro día, al cabo de muchos más, le llevé una mini-orquídea como compañía, tan minúscula que tampoco me pareció con categoría de flor, aunque esa compra me costó algo más hacerla, porque Javier y yo teníamos en casa el libro del sapientísimo Darwin sobre esas plantas y nos habíamos adentrado un poco en sus características y sus detalles tan peculiares.

Y aquí se aposentaron los dos, orquídea y bambú, creciendo tercamente pese a mis desganados cuidados –quizá en el fondo esperando que también se muriesen y diesen la razón a mi estado de ánimo–, junto a mis velitas y mis piñas secas. Un montaje del que él se habría reído con cierto malestar, porque ningún recordatorio de ese tipo le gustaba.

Pero llegó la primavera, y la luz y los días largos empezaron a hacer su efecto, a pesar de mi firme actitud de párpados apretados y puertas cerradas a cal y canto a la esperanza, porque, sin Javier, a la vida le está costando abrirse de nuevo camino en mí.

Primero fue gusto y contento al ver las plantas y terrazas o balcones de mis amigos y otras personas queridas, y luego, tenue y nebuloso, el recuerdo de la alegría (¿de verdad yo había sentido alegría alguna vez?) que cada mañana me proporcionaba visitar las nuestras antes y ver qué progresos habían hecho durante la noche.

–¿Qué diferencia va a haber entre ayer y hoy? –preguntaba Javier divertido cuando me veía observarlas con tanta atención y me ayudaba a llenar y transportar la regadera tamaño industrial cuando tocaba llevarles agua. Para siempre ya pendiente ha quedado instalar un grifo fuera, lo que nos hubiese facilitado la tarea.

Y un día, cuando él ya no estaba, sentí que ellas podían volver a acompañarme y a ponernos en contacto a través de mis rememoraciones, que hacen daño, un daño casi insoportable a ratos, pero poco a poco voy descubriendo que también consuelan.

No compré ni una de las plantas que teníamos juntos, las de ahora le habrían resultado todas nuevas y curiosas a su manera amablemente distante, sobre todo una mimosa sensitiva o mimosa púdica que pliega sus hojas cuando la tocas y que le habría servido para todo tipo de tomaduras de pelo, como le ha servido a mi hijo, con ese tipo de humor que compartían padrastro e hijastro y que me habrían dedicado en estéreo, como tantas veces.

Una de mis compañeras de UCI vivió veinte años con su marido y una de sus lamentaciones recurrentes en los primeros días de la pérdida era que ojalá hubiesen podido contar con unos pocos años más.

La entendía, pero no le decía nada, porque pensaba que lo mismo le habría pasado de haber dispuesto de otros diez, como era mi caso. Y que, fueran los que fuesen, todos le parecerían igual de insuficientes.

Aunque la rapidez con la que se nos ha pasado el tiempo no quiere decir que éste haya carecido de escollos. Ganga y mena, estudiábamos de pequeños, cuando ni siquiera sabíamos qué significaba ninguna de esas dos cosas.

Ahora me temo que también se nos confundirían un poco. Y ya no por ignorancia, como cuando éramos niños, sino porque sobre esas y otras palabras se han ido depositando nuevos significados.

Esa transformación de los vocablos fascinaba a Javier. Le gustaba indagar en los orígenes y evolución del lenguaje. Y era muy meticuloso en el uso que hacía de él, lo que, entre otras cosas, nos daba para muchas carcajadas.

Por ejemplo, opinaba que no puede llamarse igual el golpe que te das al caerte en una ciudad pequeña que en una grande. Porque, mientras en esta última te das un golpe, un tortazo, un porrazo, etc., en una pequeña sólo puede ser una toña.

Y cuando en nuestra particular ciudad pequeña, muy fría y por tanto con inviernos de suelos helados y resbaladizos, alguien se caía ante nuestra vista, nos costaba muchísimo aguantarnos la risa estúpida que nos entraba y acudir en ayuda del interesado, porque de inmediato decíamos los dos «Se ha dado una toña» y ya estábamos perdidos.

Supongo que más o menos a todo el mundo le resultan hilarantes los juegos con el lenguaje. Ya he explicado en otra parte cómo Javier me hablaba a veces en un catalán inventado. Y además, bilingüe como era en castellano e inglés, anglificaba imaginativamente ciertas palabras para crear así otras en extremo inverosímiles sólo para hacerme reír.

Lamento no haberlas recogido todas, no haber llevado a cabo una recopilación exhaustiva.

Pero mientras vivimos no pensamos en la muerte y, a no ser que se sea calculador hasta casi rozar lo patológico, mucho menos en conservar reliquias, aunque sean sólo sonoras.

Para mí Javier no era alguien conocido del que un día habría gente –alguna incluso muy cercana– que habría guardado hasta la lista de la compra. Javier era mi marido, pero sobre todo era mi compañero y mi amigo, además de mi hombre, como decimos en catalán para marido, *el meu home*, un término que me parece más descriptivo que en castellano, menos eufemístico.

Y juntos vivimos muchísimas cosas, algo que luego en el duelo resulta ser una maldición. Porque quien ha estado presente en todo se echa en falta en todo y no hay nada que quede al margen de la añoranza.

Aún me duele y cuesta ver películas de los actores a los que peregrinamente atribuíamos elecciones. A Johnny Deep nos parecía que le encantaba llevar sombreros, luego ya se ha visto que le encanta llevar todo tipo de cosas, pero al principio, cuando sólo eran sombreros, elucubrábamos que en algún momento alguien le habría dicho «Qué bien te quedan los sombreros», igual que a Nicolas Cage seguramente le hicieron notar «Tú es que corres muy bien», porque es evidente que intenta correr en todas sus películas, a veces largas carreras entre canales. Van Damme en cambio pensábamos que habría llegado por sí solo a la conclusión de que el repelús que da cuando abre las piernas es un rasgo altamente atractivo.

Y así, incluso los elementos más tontos e inocuos de la vida cotidiana se convierten en nuevos obstáculos en un camino erizado de ellos.

Hay quien me dice que me tengo que sentir muy afortunada, que no mucha gente ha podido vivir algo semejante a lo que he vivido yo.

Aparte de ser mentira, unos y otros vivimos cosas parecidas, no se pueden imaginar qué poco consuelo me da eso...

Ahogadillas

Según el diccionario de la RAE, las ahogadillas consisten en sumergir la cabeza de alguien en el agua durante unos instantes. Y añade: «Y se hace como broma». Vale, aunque a mí me parece que la definición se queda algo corta.

Igual que en el primer capítulo decía que los monstruos que aparecen en el duelo tienen diversa procedencia, algo similar sucede con las ahogadillas. A veces es verdad que son los demás los que nos hunden la cabeza en el agua, pero otras veces nos la hundimos nosotros solos.

Al principio no te das tanta cuenta, porque continuamente te estás ahogando, pero cuando empiezas a ser capaz de emerger algún rato, resulta que periódicamente –aunque no de manera regular, sino más bien inesperada– te vuelves a hundir. Y de broma no tiene nada, lo haga quien lo haga.

Hay situaciones en las que ya sabes que te va a pasar. Por ejemplo, nadie vacía un lugar donde se ha vivido tiempo con quien ya no está, nadando tranquilamente por la superficie, ante eso se está advertido. Aunque no haya más remedio que enfrentarlo y confiar en la propia fortaleza, esa de la que siguen apareciendo retazos aquí y allá.

Pero en otras te pilla por completo desprevenido.

Había pasado tres meses dedicada a tiempo completo al vaciado de nuestra casa de Madrid, más de Javier que mía, porque yo procuraba estar allí lo menos posible. En general ambos preferíamos compartir nuestro tiempo en terrenos neutrales y comunes y menos abarrotados ciudadana y anímicamente hablando que Madrid y Barcelona, donde teníamos residencia.

En Madrid habíamos ido dejando casi todo lo suyo digamos profesional, aunque Javier nunca se consideró un profesional de la escritura. Escribía un libro y, al terminar, nunca sabía si habría otro, porque nunca los escribía por encargo, ni con prisas. Él mismo lo decía cuando le comentaban (y se lo comentaban mucho) que con un ordenador iría más rápido. No quería ir más rápido, al contrario, disfrutaba del proceso mismo de la escritura.

Un piso habitado durante años, lógicamente acumula mucho, demasiado. Cuántas veces durante este doloroso proceso me he arrepentido de las numerosas tonterías que le fui regalando a lo largo del tiempo y con las que fui invadiendo un espacio, como cualquier espacio, por definición limitado.

No era la única persona que incrementaba su ajuar de cosas inútiles, pero al enfrentarme a qué hacer con cada objeto, pequeño o grande, con significado o sin él, cada papel, cada carpeta, cada prenda de ropa, cada broma, me he sentido casi una abusadora.

Porque aunque Javier tiraba o re-regalaba mucho, nunca lo hacía con lo que venía de mí y, sabiéndolo, debería haber sido yo la que parase.

Fuera como fuese, el caso es que tuve que pasar varios meses en esa casa, atrapada en una tarea anímicamente demoledora, consciente en todo momento de que nuestro pasado ya no era presente y de que ya no tendríamos un futuro juntos, una constatación que no haces una vez y te sirve para todos los días, o, ya puestos, para toda la vida, sino que renuevas segundo a segundo, con cada cosa que tocas o decides a donde va a ir a parar.

Duelo continuamente revivido, ausencia que los objetos te echan a la cara uno detrás de otro como si guardasen cola para hacerlo.

Comprendo a compañeros míos de pérdida que aún no han vaciado armarios o rebuscado en cajones.

Durante ese largo periodo, desde luego no había nadado por la superficie, pero extrañamente tampoco me había hundido hasta el fondo, si dejo al margen el agónico instante en que casi bajé a fosas abisales al cerrar la puerta del piso por última vez.

Después de eso, mal que bien conseguí trasladarme a la estación para volver por fin a Barcelona. Sólo me faltaba el trámite de subirme al tren, llegar a casa y meterme en un rincón a lamerme las heridas.

Pero entonces, como de la nada, irrumpió con toda su crudeza una vieja constatación: que, por mucho que se desee, no es posible mantener la conciencia blindada de manera permanente, ni siquiera mediante la artimaña, bastante dificultosa, de no dejar huecos por donde se puedan colar la tristeza y la realidad. Que hay momentos en los que sin querer se baja la guardia, y el duelo, siempre alerta –y siempre es siempre–, te asalta a traición, te derriba y te sacude entera con un *pressing catch* de libro.

Noté cómo de repente me asfixiaban las ahogadillas, cómo me hundía sin remedio yo sola con el único poder de mi mente, que, súbitamente, nada más pasar el control de equipaje, se me inundó de amor y enseguida de una añoranza inmanejable, y a punto estuve de echarme a llorar desesperada ante decenas de personas. Sentí que me faltaban fuerzas para seguir manteniendo a raya todo lo que, de manera tan insistente, me había estado acechando mientras iba sacando esto o aquello del piso de Madrid.

Estaba en una sala de espera ferroviaria en la que Javier y yo habíamos estado muchas veces, los dos y también por separado para ir a encontrarnos con el otro. Ahogadilla.

La amenaza de bomba de unas horas antes, un acontecimiento que habríamos vivido con el aliento contenido o nos habríamos explicado por teléfono si no estábamos juntos, en esa ocasión yo lo había vivido sola. Ahogadilla.

El acostumbrado retraso en anunciar la vía, del que Javier siempre se quejaba (en Madrid, porque en Barcelona parecen anunciadas desde que se inventó el ferrocarril). Ahogadilla.

Los intrascendentes movimientos que, a través de los móviles, nos íbamos radiando absurdamente cuando nos desplazábamos solos, ya he subido al tren, ya estoy en mi asiento, ya parece que se pone en marcha. Ahogadilla.

Y de improviso, porque el cerebro es así de frívolo y artero, la nítida imagen de la manta ligera que teníamos en la habitación y que acababa de dejar en la basura del edificio al salir de la casa. Yo me la echaba encima en pleno verano mientras dormíamos, porque Javier conseguía un microclima polar con el aire acondicionado, en el que estoy convencida de que habrían podido crecer edelweiss. Y enseguida el recuerdo de una de esas flores, que me regaló en Austria junto con un collar de ámbar igual a otro que Angela Merkel también se compró allí en la misma estancia (coincidimos con ella en Salzburgo, a Javier le daban un premio europeo), algo que siempre comentábamos cuando se lo veíamos puesto. Ahogadilla.

Y en esas estaba, ahogándome, porque tantas ahogadillas seguidas son un ahogamiento en toda regla, en medio de un hundimiento cada vez más hondo y sin saber cómo volver a la superficie, sin ya ni siquiera localizar dónde estaba arriba y dónde abajo, como un submarinista en plena embolia arterial, cuando mi vista recayó sobre una imagen incongruente y grotesca. Un hombre alto y fuerte llevaba en la cabeza una chapela gigantesca completamente calada y pegada el cráneo, mientras que, con lo que sobraba, se había hecho una especie de alas aplastadas que le bajaban por ambos lados de la cara rubicunda.

Tuve que hacer un gran esfuerzo para no reír y para no mirarlo, pasando sin transición de la tristeza profunda a la hilaridad que produce la comicidad irresistible.

Pero inmediatamente me ocurrieron dos cosas. Una, fui consciente de que no le podía contar a Javier algo que nos habría divertido tanto, y, por otro lado, el hombre me produjo una pena inmensa.

Una nueva ahogadilla, pero esta vez con agua de otro mar.

Porque esta es otra de las sorpresas que me he llevado con el duelo, que todo el mundo me da pena. Prácticamente todo el mundo, los conozca o no, los vea sólo un instante o bien lo sepa todo de ellos. Y son contadísimas las personas que se quedan fuera de este sentimiento debilitador y casi invalidante.

Estoy inestable, es lo siguiente que pensé, y me empecé a preocupar yo también, igual que hace tiempo que veo preocupados a los que me rodean.

Consuelo

«Mi espíritu está dentro de ti y el tuyo dentro de mí», le dice en una película un anciano indio a una mujer blanca, por razones que no vienen al caso.

En el duelo casi nada consuela, pero a veces una frase como esta te da un pequeño saliente para descansar en la escalada de la roca.

Es una frase breve y, sin embargo, contiene todo el mundo en ella. Porque el espíritu no es sólo sentir al otro, recordarlo o recordar cosas que se han vivido conjuntamente, el espíritu *es* el otro. Su esencia, todo su ser del que el nuestro se ha ido impregnando a lo largo de los años.

Javier siempre me leía sus artículos cuando terminaba de escribirlos, y los comentábamos, a veces durante varios días antes de su publicación, porque en ocasiones discrepábamos y él era un buen argumentador que tendía a buscar la sintonía.

De las entrevistas en cambio yo no sabía nada. Sólo que las tenía, pero no lo que había dicho en ellas, porque en sus respuestas me solía reservar alguna sorpresa privada.

En la última –de Juan Cruz para la publicación *Abril*– siguió la misma tónica, aunque la sorpresa me la dio póstuma.

El día en que habría cumplido 71 años, a los nueve días de su muerte.

Yo sé todo lo que contienen sus libros –que he leído innumerables veces– y sé por qué lo contienen. Porque conozco el proceso de su pensamiento mientras los escribía, y también sus inquietudes, los meandros de sus reflexiones, los guiños, directamente a mí y también a causa de otros, para que los más cercanos los detectáramos, el humor, tan importante para él en la vida, una de las piezas fundamentales de la convivencia y de la relación, sus dudas, no sólo de escritura, sino también a la hora de tocar determinados asuntos, algunos porque le dolían personal y profundamente.

Hay gente que dice que siempre escribía el

mismo libro. Yo tiendo a pensar que es gente que sólo debe de haber leído uno, o tal vez ninguno.

Cada novela de Javier es muy distinta de las otras, ya se encargaba él de que así fuera durante los años que le llevaba escribirlas, aunque en una cosa sí tienen razón sus detractores: siempre hablan de lo mismo.

Del ser humano y los dilemas éticos y morales que al ser humano atañen; del secreto y la maldición que su conocimiento a menudo supone; de los propios límites y las íntimas decisiones de las que nadie se va a enterar; de la Traición, con mayúscula, pero igualmente de las pequeñas traiciones que cometemos, así como también las que no son nuestras, pero vamos incorporando y cargando con ellas; de la lealtad, tanto la incombustible como la desechable; del sentimiento de amistad, incluso tras ver la mezquindad en el amigo; de todo lo que percibimos de los demás –y de nosotros mismos–, pero no queremos mirar, aunque nuestra mente sí lo haga; del poder sobre la vida o la muerte propias y ajenas.

Cosas tan difíciles de expresar, y a veces de elaborar, que mucha (muchísima) era la gente que le comentaba, por escrito o parándolo por la calle, que, al leerlo, se daban cuenta de que había reflejado exactamente lo que ellos pensaban y no sabían explicar.

Javier siempre tuvo fama de distante, cuando no de antipático.

Como la mayor parte de las famas, era prejuicio. Es decir, un juicio emitido sin conocer al objeto de éste, o antes de conocerlo. Y la prueba está en que cuando alguien tenía trato con él, fuese poco o mucho, indefectiblemente surgía el comentario asombrado, casi siempre a mí, que inspiro menos respeto, en un aparte, sobre lo afable y simpático que era.

Los comprendía, porque cuando lo conocí —como ya he contado en otra parte, por casualidad en la editorial donde yo trabajaba—, no tenía ninguna idea hecha sobre su persona, ni buena ni mala. Tampoco había leído ningún libro suyo, así que cuando hablamos, una conversación funcional sobre un tema de trabajo, puedo decir que casi no sabía ni qué cara tenía.

Me pareció muy guapo y, sobre todo, amabilísimo, con esa amabilidad que no viene de la cortesía, sino de la bondad, lo que lo hacía extremadamente atractivo.

A partir de entonces, cuando empecé a prestar un poco de atención a lo que antes no formaba parte de mi universo, me extrañaban mucho los comentarios de periodistas o gentes del mundillo editorial, también de colegas suyos –un sector donde se habla mucho–, y no me parecía que se refiriesen a la misma persona que se relacionaba conmigo.

En general yo soy de trato fácil, lo sé porque me conozco y porque además me lo dicen. Pero a pesar de ello necesito mis espacios, apartarme de vez en cuando, marcharme, sobre todo a la montaña.

No parece una cosa muy difícil de soportar, pero ya les digo yo que sí lo es. Porque se está ilocalizable y a menudo incomunicado, el que se queda teme los potenciales peligros que pueda correr el otro, sin contar con que es una elección que, *de facto*, está diciendo que se prefiere algo distinto a nuestra compañía.

Pero Javier lo comprendía. Lo comprendió desde el principio, y lo respetó, por más que le costara y disgustara aceptar que yo me alejase durante días.

Mientras estaba escribiendo su último libro, una calurosa tarde en nuestra casa de Sant Cugat, tradujo conmigo al lado, más como comparsa que con aportaciones demasiado buenas, un poema de Yeats que luego incluyó en el texto.

Al día siguiente me encontré ese poema sobre mi mesa de trabajo, con una frase subrayada.

El poema empieza:

«Cuando seas vieja y canosa...» y continúa con las vivencias rememoradas por el poeta de una mujer ya anciana a la que muchos han amado.

«... pero un hombre amó tu alma peregrina», dice la frase que Javier me regaló señalada.

Sí, mi marido era ese hombre, el que supo amarme pese a lo que no le gustaba de mí, a mis facetas que lo hacían sufrir, a mis ausencias. Y en esa declaración a través del poema no sólo había un amor inmenso, había asimismo la aceptación profunda y completa de lo que es mi espíritu.

–Yo estoy contigo no porque no pueda estar sin ti, sino porque estar contigo es lo que quiero –le decía–. ¿Qué mérito tendría si no aferrarse a algo de lo que no se puede prescindir?

Ese tipo de persona soy yo, de decir intempestivamente esta clase de estupideces que a veces dejan a quien las recibe un poco descolocado.

Pero me equivocaba. Es mentira que pueda estar sin él. Y ha tenido que morirse para que lo viera.

A ambos nos parecía una redundancia decir con palabras lo que nos resultaba obvio, lo que más allá del matrimonio nos mantenía unidos: que nos queríamos y queríamos estar juntos.

Y, sin embargo, eso que poquísimas veces nos dijimos, yo se lo susurré enajenada mientras se moría.

Si en ese momento hubiese podido abrir los ojos, se habría reído de mí en mi cara con ganas, por al final haber sucumbido al melodrama, ese género que a él le encantaba y del que yo tanto me burlaba.

Y me proporciona cierto consuelo pensar que en el momento final hice algo que sin duda lo habría divertido.

Travesía

Como ya he apuntado, mi deporte es la travesía de montaña. Con mi compañera de tantos años de caminatas, o con un grupo algo más amplio según el trayecto y la ocasión, salimos de un punto y, subiendo y bajando montañas, llegamos a otro al cabo de unos días. En el camino nos alojamos en casas de pueblo, hostales o refugios, donde nos duchamos, cenamos y dormimos y al día siguiente abandonamos para seguir nuestra ruta, compuesta por etapas que, dependiendo de la orografía y los desniveles, pueden variar en cuanto a kilómetros.

Hay muchas personas que se maravillan al saber de este interés e incluso nos envidian. Al menos así lo expresan. Pero en realidad es algo que está al alcance de cualquiera. Porque caminar, si se tienen dos piernas útiles, es una cosa que todo el mundo puede hacer, y la resistencia, el fondo, se entrenan.

Sin embargo, hay algo que sí es fundamental, digamos un secreto o truco del caminante, y es que cada cual debe ir a su ritmo, sin intentar acoplarse al de otro. Es una condición tan primordial que puede constituir la diferencia entre completar el recorrido o fracasar.

Si esto se cumple, este es un deporte que se puede practicar toda la vida. Y es literal. Todos hemos tenido compañeros o padres o amigos de casi cien años que han resistido caminando lo mismo que gente más joven. Y que han estado yendo a la montaña hasta que la muerte se lo ha impedido.

Javier no era de los que sentían envidia de esta afición ni de lejos, si acaso en algún momento, como he dicho, contrariedad cuando yo me marchaba durante días para practicarla.

A él la naturaleza lo dejaba frío y lo mismo le daba caminar entre los edificios más espantosos que he visto, como nos sucedió en alguna ciudad de la reputada Italia, sin que por su parte fuese consciente de la tremenda fealdad que nos rodeaba, como por el paisaje más maravilloso y de postal, montañas nevadas o azules, suelo verde, altísimos y frondosos árboles que ni miraba, lago transparente.

Para Javier las plantas sólo eran eso, plantas,

aunque a algunas les salían flores, que también consideraba una categoría sin distinciones. Sólo le vi mostrar preferencia por la hiedra, por lo que yo le fotografiaba la más bonita que encontraba, la más tupida y multicolor. Pero aun ésta a veces la confundía con los acantos, no sé por qué, aunque nunca lo saqué de su error, porque entendía que ambas variedades, con sus hojas tan decididas y lustrosas, de alguna manera llegaban a su apartado mental «Naturaleza», y, aunque le fuesen indistintas, el resultado placentero que le producían era el mismo.

(Por eso he hecho poner hiedra en su sepulcro, esa piedra que parece matar todo tipo de vegetación.)

¿A qué viene este rollo?, podría preguntarse alguien. Y haría bien, porque la relación de la montaña con el duelo está más que pillada por los pelos, pero aun así es lo que a mí más a menudo me viene a la cabeza en este periodo.

Tal vez porque me doy cuenta de que estoy en medio de una travesía anímica y emocional especialmente difícil y complicada, de la que, a diferencia de las físicas, no sé a dónde voy y sólo de dónde he partido.

Y no una ni dos ni tres, sino bastantes personas, a veces incluso la gente más amiga, me están intentando forzar el paso hacia lo que ellos consideran la «normalidad». Quieren que adopte un ritmo que no es el mío y que sé que me va a dejar a mitad de camino.

Lo hacen con buena intención, por supuesto, si no ya no serían mis amigos, sobre todo en este momento de mi vida en que sólo quiero personas buenas a mi lado, saturada como estoy de las de otro tipo.

A veces se trata de una cena a la que no me veo con fuerzas de ir. Porque, para empezar, la noche no me gusta, ni hacer nada fuera de casa cuando está oscuro, aunque, para no ser la rara, en condiciones normales me he estado esforzando durante años. Pero en especial porque temo que en el reencuentro con algunos amigos comunes vaya a exhibir sin poderlo evitar mi actual extrema vulnerabilidad, algo que odio, y exhibirla seguramente a borbotones.

Y es que en esas reuniones ahora falta uno. Una ausencia que, aunque se la intente dejar arrinconada, sería el conocido elefante en la habitación. Y en este momento me siento incapaz de pasar, aunque sea con un aprobado raspado, la prueba de ignorarlo.

Hay preocupación a mi alrededor, veo prisa por que vaya recuperando ya, como digo, la normalidad.

Pero ¿qué normalidad? La normalidad se «recupera» si se puede volver a lo que había antes, si eso no se ha alterado y sólo nos hemos ausentado nosotros un tiempo. Pero ¿qué pasa cuando, mientras estábamos en otra parte, ha habido ahí un cataclismo que ha abierto grietas, se ha tragado montañas y ha secado ibones? ¿Cómo se puede considerar una normalidad a la que volver un bosque calcinado hasta la raíz después de un incendio arrasador?

Y, sin embargo, mi afición me ha permitido adquirir a lo largo de los años una perspectiva que pienso que tarde o temprano va a acabar ayudándome. Porque en la naturaleza, incluso en lo que parece inmutable se puede apreciar el cambio y la evolución, y los ciclos del año se manifiestan hasta en la alta montaña, un lugar de pura supervivencia vegetal.

Y sé, porque lo veo, que al final todo rebrota y se recupera y avanza. Y sé también, aunque esto no lo vea, que yo que formo parte de la naturaleza, como ser vivo que soy no voy a poder permanecer al margen y, lo quiera o no, en algún momento voy a rebrotar y recuperarme y avanzar.

Aunque ninguna fase de esta evolución es en general rápida y, me repito, como el propio paso en una travesía, no se puede forzar y cada cual debe ir al suyo.

Los que me rodean quizá se inquietan o, por lo mucho que me quieren, desean que el proceso se acelere. Pero ya les digo que se trata de un deseo tan inútil como cuando yo salgo cada mañana a mi terraza y miro fijamente una a una las semillas o esquejes que he plantado, esperando que la intensidad de mi mirada los haga crecer ya, adelantando el resultado que anhelo ver.

Si no se quieren convertir en el pájaro del proverbio, que cree que sería bueno para el pez darle un paseíto por el aire, deberán tener paciencia, tendrán que permitirme obrar mal, perjudicarme según su criterio.

Por favor.

Epílogo

Eternidad

Hasta este momento, en nuestra relación Javier era el de los fantasmas y lo sobrenatural y yo la que se guaseaba levemente, siempre incontaminada de la esencia de eso que para él suponía un consuelo ante la desaparición de sus personas queridas.

Porque la muerte –quizá por la tan temprana de su hermano mayor, que sobrevoló sin tregua la familia, incluso la vida de los que aún no habían nacido– estuvo presente en él de manera constante.

Solía pensar a menudo en el hecho inexorable del final, pero sin angustia, con una reflexión a lo largo de los años cada vez más serena y también esperanzada. Y es que, sin creer en ningún Dios, creía en cambio –de manera juguetona, quizá sin anclaje, pero sí con continuidad– en la confortadora existencia de los fantasmas, y él mismo se consideraba a ratos a medias ya uno de ellos. Alguien que iba perdiendo materialidad, que estaba sólo tangencialmente en lo cotidiano.

Siempre he pensado que era una tendencia no voluntaria y quizá en parte también indeseada, y que por eso agradecía tanto la sustanciación, el amor, el afecto, el cariño, el apego, toda esa sección familiar y de luz que lo hacía sentirse real, de nuevo una persona de carne y hueso, que lo mantenía un tiempo más en nuestras tres dimensiones.

No puedo mencionar todo lo que dijo respecto a esas figuras etéreas, porque tanto directa como indirectamente dijo mucho. En todos sus libros y especialmente, claro, en aquellos en los que el mismo título orienta hacia esa faceta sobrenatural en la que Javier se movía como pez en el agua, pese a no poder estar más alejado o sentir un rechazo mayor del que sentía por médiums, esoterismos y espiritualidades de todo tipo.

No temía al no mundo, porque para él éste no consistía en la nada. Por el contrario, sus muertos lo poblaban y lo acompañaban, muertos siempre amables, quizá porque habían sido muy queridos por él y a su vez lo habían querido: su madre, Aliocha, nunca olvidado, Juan Benet, García Hortelano, don Heliodoro Carpintero, del que siempre hubo una foto en nuestras casas, además de los alegres muertos procedentes de su infancia, Rosa Chacel, la señorita Cuqui –su maestra fumadora–, junto con otros de sus profesores o bien amigos de sus padres, contemporáneos todos de su madrina, que entraba en la casa familiar preguntando «¿Dónde está mi ratoncito?», frase que yo a veces remedaba con «s», porque así hablaba esa mujer cariñosa de su niñez, «¿Dónde está mi ratonsito?». Broma privada que lo enternecía e infantilizaba. Y también los muertos recientes, más adustos y que le causaban más dolor, porque aún no se habían acostumbrado ni resignado a ser muertos.

Era un sentimiento y una forma de estar instalado en la vida que yo envidiaba, porque veía que le daba paz y consuelo.

Siempre estaba presente en él y hacía que mantuviera una puerta abierta a esa otra realidad, si es que puede llamársela tal cosa. Desde luego al escribir, pero también en sus cartas a amigos –«como decía Wheeler, el habla es lo que compartimos todos menos los muertos», y luego añadía «y quién sabe»–, o en las conversaciones, conmigo y con otras personas, o en charlas o presentaciones públicas, en las que a menudo introducía una cuña, aunque fuese casi imperceptible, porque dicho está desde hace siglos que de la abundancia del corazón habla la boca, y esa abundancia llenaba el suyo, aunque no la mencionase o así la formulara.

Pero contrariamente a lo que esto pudiera sugerir, Javier tendía a la alegría y le gustaba disfrutar. Jugaba, reía y hablaba mucho con nuestros nietos –los niños siempre un recordatorio constante de nuestra finitud–, y en las personas admiraba enormemente la ligereza, que a él le costaba por su faceta melancólica, además de valorar infinito, como he dicho, el sentido del humor; era capaz de llegar incluso a la payasada y era un as en las imitaciones, por ejemplo, a su amigo Guillermo Cabrera Infante lo bordaba. Y a veces hacía incluso las dos voces, la de Míriam, la mujer de Guillermo, y la de éste, enfrascados ambos en una de sus surrealistas y tronchantes conversaciones.

Sus muertos lo acompañaban pues como una escolta y, aunque ni muchísimo menos tenía prisa por morir, todo lo contrario, confiaba en encontrarse con ellos.

Su película preferida era *El fantasma y la señora Muir* y en algunos –bastantes– cuentos y reflexiones –muchas reflexiones– de sus artículos y novelas era capaz de ponerse en la piel de esas criaturas incorpóreas y deducir lo que ellos tal vez pensaban. Les atribuía omnipresencia y omnisciencia. Para él nunca eran figuras inquietantes, sino benéficas, o, como mucho, impotentes, que veían lo que sucedía sin poder intervenir.

(Ojalá, ojalá ese otro mundo exista y lo haya recibido con los brazos abiertos, ojalá mi Javier esté rodeado ahora del cariño de los que le faltaban en su vida mortal y nunca se ausentaban de su pensamiento.)

Y ahora que él ya no está, yo –que me considero prácticamente Descartes redivivo–, como los patos del experimento premiado con uno de los IgNobel, me deslizo sin poderlo evitar por un plano inclinado hacia ese territorio que hasta este momento no sólo nunca había pisado, sino que deliberadamente había rehuido.

Una expectativa que me supone contenedores llenos de problemas conmigo misma. Primero, porque ya poseo terreno desconocido de sobra en mi tránsito por el duelo, una extensión que parece no tener confines, y segundo, porque lo sobrenatural y yo nunca hemos tenido tratos, al menos amistosos.

Desde que Javier murió y yo me vi en el punto de mira de todos los consuelos, me he resistido numantinamente a las interpretaciones esotéricas de su presencia en mis sueños y no he querido que nadie me hablase de supuestas señales. He tirado adelante con mi pena sin ninguna ayuda venida de fuera del planeta Cerebro Racional.

Hasta este momento, en que me veo no sólo enfrentada a un gran dilema, sino con la fuerte sospecha de que realmente estoy perdiendo la cabeza.

En la vida que me ha quedado, llena de obligaciones y de desconsuelo, no me sumerjo voluntariamente en nada difícil, pero a veces tengo que hacerlo contra mi voluntad. Sobre todo porque no hay más remedio –nadie desconoce que la mejor manera de poner orden en nuestros asuntos es dejar que lo hagan los que nos sobreviven–. Una circunstancia que me hace encontrarme con cosas con las que preferiría no haber tropezado nunca y en la obligación de invadir una intimidad que siempre respeté.

Y en medio de este anexo infernal del duelo debo colocar y buscar sitio asimismo para mis propias particularidades relacionadas con Javier. Por ejemplo, sus dedicatorias a mí a mano en sus libros de ficción y no ficción de más de treinta años, en todas las lenguas y todos los países, además de en todas las ediciones de cada uno de ellos. Eso son cientos de dedicatorias, ninguna repetida –no quepo en mí de asombro por esa capacidad–, y en todas ellas siento que él me manda ahora y me estaba mandando ya entonces un mensaje de futuro.

Ya, ya lo sé. Y sobran las palabras.

La cosa empezó tras un sueño, el primero después de un año y cuatro meses sin soñar con él (al parecer, tras su muerte no soy alguien especialmente diligente en ese campo), en el que Javier se me presentó, ya no con rememoraciones de nuestra vida en común, es decir, recreaciones de una mente afligida, como en los dos primeros meses del duelo, sino con pensamientos e ideas nuevos y en plena forma física.

Somos adultos, no hace falta concretar más,

pero sí quizá destacar lo que fue en lo emocional, porque el rato que pasamos juntos en esa onírica tierra de nadie hubo conexión, reencuentro, risas y bienestar. Yo sabía que estaba muerto, lo que daba más peso aún a sus advertencias respecto a alguna gente y a los comentarios que me hacía en general. Y yo, la de la lógica a prueba de bombas, me encontré atribuyéndole el mismo conocimiento sin límites que por su parte, de bromas o de veras, había atribuido en vida a los no vivos.

Y lo peor fue que, una vez despierta, y pese a lo que mi razón me gritaba con un megáfono, no luché contra la imposibilidad que me había planteado ese sueño. Al contrario, me dejé llevar y evité sacar del todo de él mi conciencia, para así seguir un rato más en su compañía.

Me quedé todo el día *haunted*, como Javier escribió de su protagonista de *Mañana en la batalla piensa en mí* tras la muerte de su muerta.

Y si sólo me hubiese sentido así ese día habría podido dejarlo en anécdota, pero es como si algo hubiese cambiado entre nosotros desde entonces, en medio de nuestra separación forzosa. Y aunque en este texto creo que ha quedado suficientemente claro que carezco de espacio mental o capacidad para estas cosas, he de reconocer que desde ese momento no puedo dejar de sentir a Javier conmigo a todas horas. Una presencia que me ha dado paz, aunque también me esté causando quebraderos de cabeza.

Me compadezco bastante de mí misma, de hecho diría más, me doy un montón de pena, porque soy consciente de que quiero tanto estar con él que hasta estoy dispuesta a suspender la incredulidad y aceptar la presencia de un fantasma a mi lado para lograrlo.

Y eso para mí es una monstruosidad.

Me doy cuenta de la barbaridad que estoy diciendo y de lo rara que estoy resultando ser, aunque eso de la rareza sea como todo. Parecerás un lobo entre perros si estás entre perros, pero entre lobos serás de lo más corriente.

Y precisamente mis particulares lobos abonan mis desvaríos, cosa que no me ayuda nada. Me hablan de otras dimensiones y de cuerpos uno, dos, tres, y creo que hasta cuatro y cinco, afirmaciones que hacen que me estallen todos los cables.

Ya sabemos que de la mente se desconoce mucho y que la ciencia no está cerrada a la posibilidad de que lo que ahora interpretamos como intuiciones o premoniciones o percepciones sean funciones aún poco estudiadas y comprobadas de nuestro cerebro. Como sabemos que nadie se engaña respecto al hecho de que este valioso instrumento nuestro no está aún capacitado para entenderse a sí mismo y mapear la totalidad de sus prestaciones.

Pero yo no quiero vivir así. Me da miedo. No por Javier, que no podría darme miedo ni aunque volviera cubierto con una sábana, como vi en el tráiler de una película (seria) que nunca me contará entre sus espectadores. El miedo viene del lado de la revisión a la que todo esto me aboca (los patos deslizándose de nuevo por un plano inclinado).

Porque no hay nada que yo quiera revisar. Estoy donde estoy después de años de analizar y descartar mucho y de dejar al margen laboriosamente lo que no encajaba con mi forma –lógica sin resquicios– de ver el mundo y la muerte y las cosas extrañas. (No soy tan lerda como para no darme cuenta de que a veces hay cosas extrañas, muy extrañas, pero siempre las he metido, y las sigo metiendo, sin dudar en el cajón de «Lo que todavía no sabemos interpretar».)

No quiero verme atrapada por este, no diré que vendaval, pero sí brisa persistente y extraordinariamente grata que es Javier retornado e instalado conmigo.

Y no obstante ahí estoy, sin moverme un milímetro. Y lo peor de todo es que me gusta.

Una amiga muy amiga mía que también lo conocía mucho a él y que recientemente ha tenido acceso a una de las cosas que Javier me escribió a propósito del futuro y de nuestra segura muerte, me dice palabras que me hipnotizan, de esas que todo doliente desea oír sobre amores que van más allá del final de la vida y muertos aún enamorados que no quieren alejarse del objeto de su amor.

Pero yo no puedo ni quiero escucharla. Sólo falta que abonen esta locura mía que prácticamente se abona sola.

No se debe jugar así con la vulnerabilidad de las personas y aún menos debe hacerlo uno mismo.

Qué más quisiera yo que Javier realmente me hubiese dejado con todas esas palabras de sus dedicatorias un mensaje para acompañarme durante su ausencia, que de verdad me estuviese hablando desde la infinitud –de ese modo compartida, aunque de momento yo aún esté aquí y él a saber dónde.

Así pues, me esfuerzo por fortalecer mis defensas mentales y recuperar la fría razón, por no dejar que la pesadumbre me debilite hasta el punto de hacerme abrir puertas cerradas a cal y canto desde hace décadas. Que me lleve a creer que esa eternidad que Javier decía concebir sólo conmigo exista y que él esté aguardándome pacientemente en ella. Que me haga soñar con lo que no puede ser.

Y sin embargo...